# 100만 원의 행복

100만 원의 행복

**초판 1쇄 펴낸 날** 2012년 6월 20일
**초판 2쇄 펴낸 날** 2012년 6월 30일

**지은이** 카를 라베더
**옮긴이** 손희주

**편집** 채대광 김준원 고은정 최은숙 **디자인** 김진희
**마케팅** 김광일 **경영지원** 주정식 김은미

**펴낸이** 우수명 **펴낸곳** (주)아시아코치센터 **임프린트** 나무위의책
**출판등록** 제129-81-80357호 (2005. 1.12)
**주소** 서울시 강남구 대치동 943- 13번지 윤천빌딩 3층 (135-845)
**주문전화** 031-905-0434 **팩스** 031-905-7092
**문의전화** 02-538-0409 **팩스** 02-566-7754
**이메일** editor@asiacoach.com (독자들의 소중한 의견을 기다립니다)

**출력** 대산아트컴 **종이** 시그마페이퍼 **인쇄** 보광문화사 **제책** 국일문화사

ISBN 978-89-966702-1-6
책값은 표지에 있습니다.
잘못 만들어진 책은 구입한 곳에서 바꾸어 드립니다.

돈밖에 모르던 부자, 전 재산을 행복과 맞바꾸다

# 100만 원의 행복

카를 라베더 지음 | 손희주 옮김

나무위의책
THE BOOK ON THE TREE

추천사

## | 아낌없이 주는 빈 마음에 행복이 있습니다 |

우리는 생각합니다.

'더 큰 집으로 가면 행복해질 거야.'

'더 좋은 차를 타면 행복해질 거야.'

'더 많은 돈을 벌면 더 행복해질 거야.'

과연 그럴까요?

성실함으로 사업에 성공해서 30대 초반에 이미 더 이상 일하지 않고 평생 쉬어도 될 만큼 충분한 돈을 소유했던 사람, 백만장자가 되면 '행복'과 '자유'를 얻게 될 것이라고 확신했던 그 사람! 그는 모든 것을 소유했음에도 불구하고 마음속에 여전히 채워지지 않는 '공허'와 '불안'이 있음을 깨닫게 됩니다.

그런 그가 '큰 것이 성공big is success'이 아니라, '작은 것이 아름답다

small is beautiful' 라는 깨달음과 함께 새로운 세상을 만나게 되고, 마음이 가난한 사람들이 누리는 진정한 행복을 마주하게 됩니다.

그가 찾은 행복으로 가는 열쇠는 과연 무엇일까요? 저자의 발걸음을 따라가다 보면, 어느새 삶의 의미와 행복을 찾아가는 문 앞에 당신도 서게 될 것입니다

'돈이 우리를 자유케 하리라'고 외치는 황금만능주의와 개인주의에 함몰된 현대인들에게 삶의 방향을 올곧게 제시해 주며, 우리 시대 소금과 빛으로 사는 삶이 진정 어떤 삶인지를 매우 감동적으로 펼쳐 보여드리기에 기쁜 마음으로 이 책을 추천합니다.

최일도 목사
시인, 다일공동체 대표

* 다일공동체(www.dail.org)는 서울을 비롯한 국내와, 도시빈민들이 모여 있는 제3세계 빈민현장에서 굶주리고 병들고 소외된 이들에게 '밥퍼나눔운동'과 '다일천사병원'을 통해 봉사와 나눔 그리고 섬김의 삶을 실천하고 있는 기독교 사회복지공동체이다.

추천사

## | 내가 만드는 작은 혁명 |

우리는 이 세상에 가족으로, 이웃으로, 국가로, 세상으로 직간접적으로 모두 함께 연결되어 있습니다. 한 사람의 작은 행동이 바로 지금 혹은 세월이 흘러 저 먼 다른 나라에서 그것을 인연으로 더 큰 일들을 만들어 내곤 합니다.

아무 인연도 없는 가난한 나라에서 시작된 빈곤퇴치를 위한 무하마드 유누스 박사님의 열정과 행동이 지금의 사회연대은행을 만들게 된 인연이 되었고, 이 책의 주인공인 오스트리아의 (백만장자였던) 카를 라베더가 자신의 전 재산을 기부하여 남미와 아프리카의 어려운 이웃들을 돕기 위한 소액 대출 기관인 마이 마이크로 크레디트Mymicrocredit를 설립하는 데까지 이어졌습니다. 카를 라베더는 행복한 삶을 살기 위해서 많이 소유하지 않고도 행복하게 살아가는 법을 이야기합니다. 오히려 이 책의 원제처럼 "가진 것이 없어도 모든 것을 줄 수 있다."

는 말을 자신의 삶을 통해 생생히 증명합니다. 바로 지금 이 자리에서 존재하는 것 자체의 행복을 말하고 있습니다.

더불어 함께 사는 세상을 만드는 일도 마찬가지일 것입니다. 한 사람의 선한 마음과 참여가 세상을 바꾸는 큰 힘이 됩니다. 라베더는 이 책에서 깨달음과 실천을 통해 진정한 삶의 의미를 찾아가는 모습을 감동적으로 그려내고 있습니다. 그리고 이 작은 불꽃은 이 땅에서 그 뜻을 함께 하는 수많은 사람들의 작은 혁명으로 이어질 것입니다.

이사장 김성수

사회연대은행(사)함께만드는세상

* 사회연대은행(www.bss.or.kr)은 마이크로 크레디트와 사회적기업을 지원하는 대안금융을 통해 사회의 취약한 구조를 개선하여 다양한 사회적 가치를 창출하고 취약계층에게 삶의 질을 높이기 위한 기회를 제공하는 비영리기관이다.

추천사

| 가진 것이 없어도 모든 것을 줄 수 있습니다 |

카를 라베더는 30대 초반에 실내 장식 사업으로 일찍부터 백만장자가 되었다. 부모가 이혼하고 조부모집에 살면서 할머니의 부지런함과 할아버지의 이상적이고 창의적인 삶의 방식을 배우게 되었고, 야채를 파는 일을 돕는 과정에서 사업가의 기질을 유감없이 발휘했다. 그는 마흔이 되기도 전에 벌써 은퇴해도 될 만큼 많은 돈을 벌었으나 문득 자신이 돈을 버는 노예처럼 살고 있다는 생각을 하게 된다. 그러고서 부인과 남미로 여행하는 중에 가난한 사람들의 힘겨운 삶이 자신이 누리는 부유한 생활과 큰 관련이 있음을 자각하게 되었다. 인생을 즐기기에 충분한 돈, 좋은 별장, 고급 자동차, 많은 소유를 가지고도 행복을 느낄 수 없었던 그는 결국 사업체, 자택, 별장, 자가용, 수집한 글라이더를 모두 팔아 가난한 사람들을 돕기 위한 "마이 마이크로 크레디트"를 설립한다.

이 책 《100만 원의 행복》(원제 : 가진 것이 없어도 모든 것을 줄 수 있다)을 통해 그는 "인생의 행복은 소유의 많고 적음에 달려 있지 않고 보람 있는 삶을 추구하는 데 있다."는 사실을 몸소 실천하고 그 소중한 깨달음을 나눠주고 있다. 그는 이제 50세의 나이에 모든 소유를 판 뒤에, 자신은 숲속 작은 오두막에서 한 달에 100만 원 정도의 생활비를 직접 벌어 생활한다. 자신의 이전 소유에서 어떤 이득도 취하지 않는다. 가장 의미 있게 자신의 소유를 나눌 수 있는 방법을 생각하면서 내린 결정이었다. 그의 삶은 이러한 나눔으로 훨씬 더 풍성해졌고 맑아졌다. 무슨 이야기를 하더라도 돈과 소유가 우리의 행복을 결정하는 것 아니냐는 우리 사회의 냉소적인 시각에 대해, 그의 삶과 자유로운 정신은 많은 생각할 거리를 던져준다. 책을 읽어보면 더 깊은 감동이 있다. 이 감동을 많은 분들과 나누고 싶다.

이사장 정명기

한국 마이크로 크레디트 신나는조합

*신나는조합(www.joyfulunion.or.kr)은 사단법인으로서 그라민은행의 한국지부이다. 2000년 그라민은행으로 받은 대출금 50,000불로 한국에서는 처음으로 마이크로 크레디트 사업을 착수했다. 그라민은행과 같은 공동체만을 대상으로 대출을 하며 두레 일꾼이 공동체 구성원들에 대한 사후관리를 담당한다.

# 한국어판 서문

2011년 여름, 제 책을 발간했던 뮌헨의 출판사로부터 한국의 한 출판사가 책을 번역 출간하기를 원한다는 소식을 들었습니다. 너무나 기쁜 소식이었습니다.

2년 전 독일의 한 텔레비전 토크쇼에 손님으로 초대되었을 때 제 삶을 빼어난 솜씨로 그려낸 만화를 접할 기회가 있었습니다. 하지만 안타깝게도 만화에 나오는 말은 무슨 뜻인지 도무지 알 수 없는 언어였습니다. 토크쇼의 사회자가 이 만화는 얼마 전에 한국의 텔레비전에서 방영된 것이라고 말해 주었습니다.

이 만화에는 글라이더 비행에서부터 집을 제비뽑기해서 판 일까지 제 삶에서 중요했던 모든 요소들이 멋지게 담겨 있었습니다. 저는 할 말을 잃을 정도로 놀랐습니다. 1천 킬로미터나 떨어져 있는 곳에 있는 사람들이 제 이야기에 관심을 가져 준 것에 감격했습니다.

그리고 지금 한국의 독자분들을 위한 서문을 쓸 수 있는 기회가 저에게 주어졌습니다. 부끄럽게도 저는 한국에 대해 별로 아는 것이 없습니다. 성능이 뛰어난 자동차와 전기 제품이 한국에서 생산된다는 것을 아는 정도입니다. 제가 가지고 있는 행글라이더 역시 한국 제품입니다. 비록 중고품을 샀지만 여전히 하늘을 힘차게 날고 있습니다.

그렇다면 한국인들이 정말 유럽이나 중남미, 그리고 저와는 완전히 다른 사람들일까를 자문해 보았습니다. 여러분들도 제가 인생에서 찾아다니는 그런 동일한 문제들로 고민하지는 않을까 하는 생각이 들었습니다. 내가 물어왔고, 지금도 여전히 찾고 있는 그런 질문들을 자신에게 던지면서 살고 있지 않을까요? 예를 들어 이런 질문들입니다.

* 나는 왜 이 세상에 왔을까?
* 삶의 참다운 의미란 무엇일까?
* 내게 있는 사명은 무엇인가?
* 내게 중요한 것은 무엇일까?
* 그 중에서도 가장 소중하다고 생각하는 것은 무엇일까?
* 그 소중한 것을 위해 나는 지금 어떻게 살고 있나?

내 주위에 살고 있는 사람들처럼 한국에 계신 여러분들도 똑같은 질문을 던지고 거기에 대한 답을 찾고 있을 것으로 생각합니다. 여러분들도 제 세미나에 참석한 사람들처럼, 코칭이 필요한 고객들처럼, 그리고 저 자신과 마찬가지로 삶에 있어서 저와 비슷한 것들에 가치를 두고 있다고 믿습니다.

예를 들어서 제가 삶에서 소중하다고 느끼는 것들은 세 가지입니다.

* 애정 | 꼭 남녀 간의, 인생 동반자들 간의, 부모와 자식 간의 사랑을 뜻하는 것은 아닙니다. 나 자신에 대한, 다른 사람들을 향한, 동물과 자연을 향한, 그리고 더 나아가서 우주 전체에 대한 사랑을 의미합니다.
* 자유 | 모든 면에서의 자유를 말합니다. 육체, 정신 그리고 영혼의 자유. 내적인 자유뿐 아니라 외적인 자유까지 다 포함합니다.
* 기쁨 | 자신의 삶에 대한, 자연에 대한 기쁨을 뜻합니다. 내 삶을 풍요롭게 해 주는 모든 선물들에 대한 기쁨을 의미합니다.

행복에 대한 주제는 어떨까요? 한국에 계신 많은 분들 역시 궁극적으로 행복해지기를 바랄 것입니다. 그렇다면 '행복하다'는 것은 무엇을 의미할까요? 물론 행복이란 지극히 개인적인 것이라고 믿습니다.

사람들은 각자 다르게 행복을 느낍니다.

그렇지만 여기에도 어떤 커다란 공통점이 있습니다. 바로 삶의 행복이 어떻게 생겼으며, 어디서 이것을 찾을 수 있는지를 말해 주는 섭리들이 있다는 것입니다. 저는 이 섭리들을 '마음의 목소리'라고 부릅니다. 다른 사람들은 이것을 영감 혹은 느낌이라고 부르기도 하지요.

한국의 독자 여러분, 인생에 궁극적인 행복을 가져다주는 내면의 목소리를 점점 더 뚜렷하게 들을 수 있기를 바랍니다. 그리고 아울러 더욱더 애정으로 가득 차고, 자유롭게 그리고 기쁜 마음으로 주어진 길을 가게 되시기를 희망합니다.

깊은 감사의 뜻을 전합니다.

카를 라베더

# 서문

2010년 7월 어느 흐린 여름날이었다.

나는 그날 내 삶의 두 번째 발걸음을 내디뎠다. 삼 년 반 전에 구입한 프로방스의 집에서 눈앞에 펼쳐진 뛰어난 경치를 바라보았다. 이 집은 마르세유에서 자동차로 한 시간 정도 걸리는 북쪽 지역의 높은 언덕 위에 있다. 집 주변이 그림같이 아름다워서 온종일 언덕에 앉아 경치를 바라보거나 기껏해야 언덕 위를 한 바퀴 빙 돌 뿐, 다른 일은 별로 하고 싶은 생각이 들지 않을 정도다.

1980년 말에 처음 글라이더를 타고 이곳을 지나갔을 때 나는 그 아름다움에 마음을 빼기고 말았다. 어느 잡지에서인가 이곳에서 한 독일인이 글라이더 학교를 운영한다는 기사를 읽은 적이 있었다. 나는 즉각 학교에 등록했고 첫 수업부터 몹시 만족한 나머지 그곳에 남기로 했다. 그때부터 나의 꿈은 언젠가 이곳에서 살게 되는 것이었다.

이곳 주민들은 나에게 아름다운 이야기 한 편을 들려주었다.

신도 프로방스를 창조한 후에 자신이 가장 아름다운 작품을 만들어냈다고 기뻐했다. 하지만 기쁨도 잠시, 이내 신은 안절부절못했다. 이와 같이 완벽한 것이 지상에 존재해서는 안 되기 때문이었다. 유일하게 완벽한 곳은 바로 천국이어야만 하니까. 신은 이런 이유에서 프로방스에 지상의 오점을 남기기 위해 무엇을 해야 할지 고민했다. 긴 고민 끝에 신은 남프랑스 사람들을 만들어냈다. 모든 이방인을 배척하면서 자만하는 사람들, 느릿느릿 일하며 고집스러운 사람들을 말이다. 이들로 인해 이 지역에도 하나의 약점이 생긴 것이다.

하지만 아무리 그렇더라도 내가 이곳에 사는 것을 막지는 못했다. 이 집을 처음 봤을 때 나는 마치 사랑에 빠진 것처럼 가슴이 두근거렸다. 이 집은 1890년에 누에치는 사람이 지었다고 한다. 어느 때인가 평야에 병이 돌아서 누에들이 점점 죽어나간 적이 있었다. 이런 이유에서 그는 세상과 멀찍이 떨어진 산 위에다 350제곱미터나 되는 커다란 집을 지었다. 너무 멀리 떨어진 곳이라 집 주위에는 양우리 하나가 있을 뿐이었다. 당시에는 유일하게 그 사람만이 비단을 생산할 수 있었기 때문에, 그는 금세 부자가 되었다. 집은 대단히 웅장하고 품위있게 고원 위에 우뚝 서 있어서 몇 킬로미터 떨어진 크뤼Cruis의 사람들은 경외심을 담아 이 집을 '성le Château'이라고 불렀다. 이 명칭은 쭉

이어져 지금도 동일하게 불린다. 나는 이 저택을 사면서 졸지에 '성'의 주인이 된 셈이다.

강렬한 주변 풍경은 나를 무척이나 매혹시켰다. 지난 세기에 화가들이 끊임없이 이곳으로 온 것에는 다 이유가 있었다. 그림에서 보이는 따뜻한 느낌의 노란색과 갈색빛 풍경을 이곳에 와서야 찾아볼 수 있었던 것이다. 공기는 오스트리아보다 훨씬 더 맑아서 영혼 속까지 꿰뚫어볼 수 있을 정도로 시야를 열어주었다. 라벤더와 해바라기 꽃밭, 올리브 과수원, 울퉁불퉁한 바위들, 숲, 초원이 시야 가득 펼쳐져 있어서 그저 바라보는 것만으로도 내 안에 평온함이 퍼져 나오는 것을 느꼈다. 어디에서도 느껴보지 못한 경험이었다.

그렇기에 이곳, 바로 이 집에서 살고 싶었다. 언젠가 때가 되면 인생의 황혼기를 보낼 장소로 내가 지금까지 찾아왔던 그런 장소였다. 집 뒤로 돌아가 보았을 때도 마찬가지였다. 내 집이라는 것을 직감할 수 있는 너무나 강한, 설명할 수 없는 힘을 지각했던 것이다. 아침에 일어나면 커피를 한 손에 들고 발코니에서 경치를 보면서 힘껏 공기를 들이마시고, 그 뒤에는 글라이더에 올라탈 것이다.

'라베더, 드디어 해냈구나. 너는 완벽한 삶을 살고 있어. 사람들이 아무리 남프랑스인이 어떤지에 대해 이러쿵저러쿵 말이 많아도 상관없어. 어차피 이곳이라면 그들에게서 충분히 떨어져 있으니까.'

2007년 겨울, 집계약서에 서명을 하면서 나는 머릿속에서 앞으로 새롭게 펼쳐질 내 삶에 대해 그려보았다.

## 나는 완벽한 양이었다

그러나 막상 이 집을 소유한 다음, 내가 머물렀던 기간은 무척 짧았다. 집을 되팔기 전에 내 여자 친구와 함께 삼십 일 정도 머무른 것이 전부였으니 말이다. 우리는 마지막 순간까지 집 안에 어떤 가구도 들여놓지 않았고, 보통의 집에서 느낄 수 있는 편안함이라고는 찾아볼 수 없었다. 우리는 매트리스 두 장을 깔고 잠을 잤고, 빈 포도주병에 꽂은 초 몇 대로 집안을 밝혔다. 낮 동안에는 테라스나 아카시아 나무 그늘 아래에서 시간을 보내거나 아니면 글라이더를 탔다. 우리는 오스트리아의 집에 앉아서, 증축할 수 있는 땅이 무려 6백 제곱미터에 이르는 이 호화품을 어떻게 고칠지 수년 동안 궁리했었다. 어렸을 적 린츠에 있는 35제곱미터 정도의 작은 집에서 어머니와 단둘이 살았었는데도 불구하고, 막상 여자 친구와 이 '성'을 어떻게 개조할지 고심하자 우리 둘이 살기엔 공간이 충분치 않아 보였다.

우리는 빈Wien 출신의 건축가 친구와 함께 집을 상당히 축소시키는 대신 방을 넓히고 창문을 많이 내며 장식을 배제하는 등 집수리에 관해 자세한 계획을 짰다. 전자피아노도 들여놓을 계획이었는데 적어도 딩동거리는 수준인 내 피아노 연주 실력이 나아질 때까지는 자동연주로 실내를 가득 채울 생각이었다. 그 외에도 우리는 티롤에 있는 집에서 '성' 문 앞에까지 직접 날아올 수 있게 글라이더를 위한 이착륙장을 만들고 싶었다. 말 그대로 천국에서나 누려볼 수 있는 그런 삶이었다.

그러나 이 계획은 결국 실행되지 않았다. 이 집은, 내가 더 이상 가고 싶지 않은 인생길을 위해 마련된 것임을 깨달았기 때문이었다. 그 길을 따라 가다 보면 나는 훨훨 날기는커녕 무언가에 완전히 눌려 지낼 판이었다. 이 점을 깨달은 순간부터 나는 이 집을 그냥 떨쳐버리고 싶었다. 이것은 돌처럼 굳어 버린 내 과거였다.

그리하여 이 집을 산 지 삼 년 반이 지났을 때, 나는 이제 더 이상 나를 위한 곳이 아닌 그 집 앞에 섰다. 아직 오전이었고 새로운 집주인이 올 때까지는 두 시간 정도가 남아 있었다. 하늘에는 구름이 잔뜩 껴있고 비가 조금씩 내렸다. 나는 눈에 빗방울이 맺힌 채 집에게, 그리고 나의 예전 인생에 이별을 고했다. 오직 나 혼자만을 위해서.

시간이 얼마쯤 지났을 때 양치기 한 명이 집 바로 앞에 있는 풀밭에 양들을 풀어놓았다. 어두운 밤색의 커다란 모자를 쓰고 우비를 입은 그 남자는 양치기 책에서 금방 튀어나오기라도 한 듯 보였다. 빨간색의 접는 우산은 전체적인 분위기와 어울리지 않아 기괴한 인상을 주었다. 우리는 지난 몇 년 동안 서로 마주친 적이 별로 없었다. 나와 내 여자 친구가 이곳에 거의 오지 않았으므로 자기 양들을 우리 '성'에 속한 풀밭에 풀어놓곤 했던 것이다. 나는 한번은 그런 그를 잡아두고 말을 나눠보았는데 그저 비가 와서 비를 피하려고 했을 뿐이라고 변명을 늘어놓았다. '도대체! 꾀가 많은 양치기일세. 저 양들에게는 숲에 있는 반쯤 마른 풀보다 내 땅에 있는 신선한 풀들이 더 맛있겠지. 그거야 뭐 괜찮아.' 평소 그렇게 생각하던 차였다.

그러나 이날 오전에는 평소와는 생각이 완전히 달라졌다. 이 집을 소유하여 목표에 도달했다고 생각했을 때, 그것이 얼마나 큰 착각인지 깨우쳐주기 위해 누군가가 양 떼를 보여준 것 같다는 생각이 들었던 것이다. 양치기, 양치기 개들, 그리고 양 떼들. 내 눈앞을 지나가는 것들은 모두, 오늘날 서구의 사회 시스템이 어떻게 작동하는지를 상징적으로 보여주는 듯했다. 숫자로만 따지면 단지 한 명뿐이지만 양치기는 다른 무리가 어느 방향으로 가야 할지를 정한다. 몇몇 소수는 훈련을 받고 양치기의 명령을 실행하는데, 이들이 바로 양치기 개이다. 그리고 그 사이에 자신들의 본성에 따라 움직이는 것이 아니라, 주인들이 원하는 대로 움직이는 집단이 있다. 바로 양들이다.

세상에는 수많은 양치기와 수많은 개, 또 수많은 양이 있다. 이들은 어느 곳에서나 같은 체계를 유지하며, 거기에 따라 움직인다. 양들은 자기 발로 걸어 다니기 때문에 어쩌면 자신들에게 자유 의지가 있다고 믿을지도 모른다. 하지만 현실에서 그들은 지극히 자유롭지 못한 삶을 살아간다. 이런 식으로 보면 나도 대부분의 시간을 착각 속에 빠져 한 마리 양처럼 지냈다고 할 수 있다. 그것도 아주 완벽한 양으로.

## 나는 이제 독수리다

내가 기억하는 한 나는 무언가를 이루기 위해 일하는 것 자체를 중요시하며 살아왔다. 내가 어릴 적 어머니와 함께 살았던 그 집은 할머니와 할아버지 소유였는데, 당시 할머니는 어린 내게 사람은 항상 무언가 중요한 일을 해야 한다고 가르치셨다. 여기서 '중요한 일'이란 다름 아닌 돈 버는 것과 직접적인 관련이 있는 일을 뜻했다.

그런데 할아버지는 할머니와는 다르셨다. 할아버지는 무척 활기찬 분으로 젊은 시절에 누이와 함께 자주 노래를 부르곤 하셨다. 돌아가시기 얼마 전에 할아버지는 나에게 "얘, 카를아, 너 아니? 난 말이야, 가끔은 그냥 햇빛 아래 앉아서 하루가 그냥 그렇게 지나가면 좋겠다고 생각한 적이 있었어." 하지만 할머니는 할아버지가 이렇게 하루를 보내지 못하도록 막는 방법을 잘 알고 계셨다. 여전히 이런저런 할 일이 남아 있다고 우기셨다.

사실 많은 사람이 이것을 숙명처럼 받아들인다. 무엇인가 해야만 할 것 같은 느낌이 항상 따라다니는 것이다. 만약 사는 동안 내가 완성한 투 두 리스트To-Do-List 전부를 죽 늘어놓는다면, 아마도 이것으로 지구와 달 사이를 연결할 수도 있을 것이다. 그러면 온 세상 사람들은 지난 수십 년 동안 내 머릿속이 무엇으로 꽉 찼었는지 다 알게 될 것이다. 예를 들면 "콘줌Konsum 마케팅 매니저에게 전화하기, 크리스마스용 양초 도안 검토하기, 청소년 글라이더 훈련을 위한 일정 짜기, 특가 판매 행사를 위한 직원들 설명회" 등등.

나는 내 인생을 온통 돈 버는 데에만 맞춰 움직였다. 굳이 그렇게 살고 싶어서라기보다는 집에서 그렇게 배웠기 때문이었다. 할머니는 우리 사회는 사람이 어떤 일을 할 수 있는지와 그 일로 얼마나 많은 돈을 버는지에 의해 모든 사람의 가치가 평가된다고 말씀하시고는 했다. 간단히 말해서 돈을 많이 벌면 벌수록 사람의 지위는 높아지고, 급여명세서나 매출액에 숫자 0이 뒤로 많이 붙을수록 그 사람이 지닌 가치와 권력, 그리고 영향력이 확대된다는 것이다. 우리 사회에는 이런 사고방식을 가진 사람이 많다. 그리고 나 역시 불행하게도 몇 년 전까지만 해도 그런 사람들 중 하나였다.

나는 무엇이든지 될 성 싶으면 끝까지 파고들어 이뤄내고야 마는 그런 사람이었다. 가능하면 실제로 모든 것을 해내려고 노력했다. 마음먹은 것에 도달하기 전까지는 결코 쉬지 못했다. 이것 때문에 사람들이 떠나가도 별로 괘념치 않았다. 내 욕심과 높은 기대치 때문에 내가 그들을 괴롭히고, 때로는 절망스럽게 했다는 사실도 전혀 깨닫지 못했다. 내 안의 무언가가 움찔하면서 내가 이런 식으로 살지 않도록 대항하는 것을 항상 느끼곤 했지만, 내가 계획한 것을 방해할 수 있을 만큼 내면의 힘이 세지도록 그냥 놔두지 않았다. '다른 사람들도 이렇게 사는데. 뭐 틀린 것이라도 있어?' 라고 생각했기 때문이다.

내 마음속에 웅크리고 있던 이런 힘이 조금씩 강해지도록 이끌어 준 것은 다름 아닌 글라이더에 대한 열정이었다. 나는 청소년 시절, 처음으로 글라이더에 앉아 보았다. 처음에는 두렵고 용기가 없었지만 거듭될수록 자신감이 붙었다. 조종키를 잡고 상승기류를 타는 데 능숙해지자 나는 나의 감각을 믿고 온전히 나 자신을 내맡길 수 있게 되었다. 그것은 내게 새로운 깨달음이었다. 다음번 산등성이를 넘어가야 하는지 아닌지를 결정하기 위해서 측정기나 컴퓨터는 필요 없었다. 또 나를 하늘 멀찍이 높이 끌어 올려 줄 상승기류를 찾기 위해 어떤 도구를 사용할 필요도 전혀 없었다. 오로지 자연에 대한 느낌과 몸의 감각, 그리고 이것을 마음에서 그대로 받아들이려는 자세면 충분했다.

언젠가는 이런 생각이 들기도 했다. 글라이더의 조종석에 앉으면 내 영혼을 활짝 열어서 바람의 숨결과 구름 하나하나를 포함한 주위의 모든 자연환경을 온전히 느낄 수 있는데, 어째서 사무실 의자에 앉고 나면 온몸이 저리고 감각이 사라져 버리는 것일까?

이런 이유에서 나는 도대체 무엇이 내 안에서 나를 이토록 내리누르는지 답을 찾아 헤매기 시작했다. 그 결과, 지금부터 나는 양치기와 양치기 개에 의해 휘둘려 다니는 양이 아니라고 말할 수 있게 되었다. 이제 나는 한 마리 독수리다. 양치기가 정한 규칙에 따라 제대로 행동하는지 감시 받던 양이 아닌 울타리를 훌쩍 넘어 상공을 날아다니는 독수리다. 내가 양이었던 시간은 이제 돌아갈 수 없는 과거가 되었다.

양치기와 개들이 양들을 풀밭에서 몰고 가버린 후에 새로운 집주인이 될 사람들이 곧바로 도착했다. 이들은 마르세유에서 온 노부부로 IT 기업을 운영해서 상당한 부를 쌓았는데, 은퇴 후에 여생을 보낼 장소로 이 집을 선택한 것이다. 새로운 집에 대해 알아 두면 좋을 몇 가지를 노부부에게 이야기해 주고 그들의 손에 집 열쇠를 쥐여 주면서 행운을 빌었다. 밖으로 나와 현관문을 닫으면서 내 안에 홀가분한 기운이 퍼져가는 것을 느꼈다. 나는 차에 올라 다시 티롤로 향했다. 지난 인생을 매듭지을 마지막 발걸음이 나를 기다리고 있었다. 이제 나는 새 인생을 시작할 수 있을 것이라는 확신이 들었다.

# | 차례 |

항상 어떻게 하면 돈을 벌 수 있을지만 생각하는 사람은 그러는 동안 자신의 삶을 보는 눈은 감기게 된다. 이런 사람은 은행 계좌에 돈이 점점 불어나겠지만, 그의 행복 계좌는 채울 수가 없다. …… 이 부분에서 치명적인 사실은, 돈은 재생산이 가능한 자원이지만 반대로 자기 인생과 시간은 그렇지 못하다는 부분이다. 일에 파묻혀 더 이상 삶을 즐길 수 없다면, 은행에 들어 있는 재산이나 본인 소유의 집, 멋진 자동차 같은 소유나 지위가 무슨 소용이란 말인가?

# 집

"이게 무슨 헛소리야?"

지금부터 내가 하려는 말을 과거의 카를 라베더가 들었다면, 그는 분명 이렇게 말했을 것이다. 하지만 한편 생각해 보면, 앞으로도 어렸을 때 살았던 방식 그대로 살아야 된다면 나는 아마 끔찍이도 불행한 사람이 되어 버릴 것을 잘 알았다. 돌이켜 생각해 보면 내 주위 사람들은 성과와 규율, 하고 있는 일로 모든 것을 판단했는데 나 역시 이런 생활 방식에 젖어 있었다.

레온딩의 호흐 가街 40번지의 작은 집에서 이런 삶이 싹텄다. 어린 시절에 이 지역은 먼지가 풀풀 날리는 자갈길로 덮여 있던 곳이었는데, 요즘에 와서야 북오스트리아 주도州都인 린츠의 부유한 외곽 도시로 탈바꿈했다. 아래층과 위층에 각각 방이 두 개씩인 이 집은 건물은 작았지만 일천 제곱미터나 되는 대지에 지어졌다. 우리는 작은 경작지와 마구간, 과실수 그리고 채소밭들이 딸린 이 집을 1990년대 중반에 팔았는데, 그 후에 집을 산 사람들이 이곳을 새로 말끔히 수리했다. 그래서 내가 예전에 어머니와 외조부모와 함께 이 집의 한 지붕 아래서 살았던 흔적은 더 이상 찾아볼 수 없다.

이 집은 우리 가족 모두의 고향이었을 뿐 아니라, 훗날 내가 사업적으로 거둔 성공의 기반이 된 곳이기도 했다. 비록 내가 최근 몇 년간 새롭게 정의한 '성공'이라는 단어에는 적당치 않지만 말이다.

어쨌거나 이 집이 존재하는 것은 전적으로 조부모님의 근면함과 추진력 덕분이다. 그분들은 채소와 버섯을 대량으로 재배하셔서 이것을 일주일에 세 번, 남南린츠 역 앞에 열리는 시장에 내다 파셨다. 할머니와 할아버지는 이 장사로 1950년대 초반에 큰돈을 모으셔서 1930년대 중반부터 소유해 왔던 토지에 집을 한 채 지을 수 있었다. 1954년, 드디어 집을 장만해 여기로 이사 오면서 그분들은 인생에서 가장 커다란 꿈을 이루신 것이다. 게다가 토마토, 오이, 완두콩 및 돼지와 염소 한 마리씩과 닭 몇 마리를 키울 수 있을 만한 땅이 마련되어 있었기 때문에 작은 규모의 농장과 텃밭까지 가꿀 수 있었다. 나는 어렸을 적에 이곳에서 특히 닭들을 쫓아다니며 잡는 일을 가장 재미있어 했다. 오스트리아에서는 내 조부모와 같은 사람들을 "호이슬로이트Häuslleut(작은 집의 소유자—역주)"라고 불렀는데, 특히 할머니는 무엇인가 이루었다는 점을 매우 자랑스러워 하셨다.

## 나의 행복 계좌를 어떻게 채울까

나의 부모님도 역시 내가 태어나기 전까지 이 집에 사셨다. 그런데 어머니는 나를 낳자마자 아버지께 아이와 술 중 하나를 택하라고 하셨다. 내가 알기로 아버지는 멋있고 감성적인 분이셨다. 하지만 안타깝게도 주기적으로 술을 마셔서 어머니뿐 아니라, 외조부모께서도 아버지가 아이를 낳는다는 생각은 아예 엄두도 못 내셨다. 이렇게 부모님이 서른 중반이 되어서야 나를 낳으신 데는 아버지의 술버릇 탓이 컸다. 부모님은 오랜 시간 동안 자신과 서로의 관계 때문에 고군분투하면서 많은 위기를 넘기신 후에야 느지막이 아이를 낳을 결심을 굳히셨다. 마침내 내가 세상에 나오자 아버지는 나를 사랑하는 마음에 큰 용기를 내서 술을 끊기로 결심하셨지만, 이를 오래 지키지 못하셨다. 아버지는 이런 연유에서 내가 태어난 지 얼마 지나지 않아 집에서 쫓겨나셨다. 성인이 되었을 때, 나에게 유전자를 물려주신 분이 어떤 사람인지 궁금해진 나는 아버지를 찾아 나섰다. 그러나 나는 그의 두 번째 부인이었던 여인에게 아버지가 석면중독으로 돌아가셨다는 이야기를 듣고 말았다. 그래서 안타깝게도 내가 그를 내 아버지라고 의식하고 만난 적은 한 번도 없다.

하지만 나는 친아버지 없이 자랐다는 사실을 오랫동안 전혀 깨닫지 못했다. 내 친구들 또한 아버지가 거의 집에 계시지 않았기 때문이다. 대개 아버지들은 아침에 아이들이 아직 자고 있을 때 집을 나섰다가, 밤에 아이들이 이미 잠자리에 든 후에야 집으로 돌아왔다. 이런 아버지들은 주말이 되면 아이들을 가르쳐 보려고 애쓰지만, 아이들은 아버지가 어떤 사람인지를 거의 모르기 때문에 그들의 노력은 실패하기 일쑤다. 이런 상황에 견주어 보면 내 상황은 대부분의 또래 친구들보다 훨씬 나은 편이었다. 나를 돌봐주는 사람이 어머니뿐만 아니라, 할머니와 할아버지까지 두 분이 더 계셨기 때문이다. 특히 할아버지는 나에게 매우 중요한 분이셨다. 나는 지금까지도 그와 매우 끈끈하게 연결되어 있다고 느끼는데, 그것은 단순히 할아버지랑 내가 똑같은 이름을 가졌기 때문만은 아니다.

할아버지는 마치 곰 같은 분이셨다. 젊었을 적에는 린츠의 항구에서 맨손으로 통나무를 실어 올렸을 정도셨다. 어렸을 적에는 농장에서 자랐는데, 일도 잘하지만 놀기도 잘하는 많은 친누이들 그리고 의붓누이들과 함께 자라셨다. 라베더 가家 사람들은 음악적 감수성이 참 풍부했다. 이들은 일이 끝난 후에 식탁에 모여 앉아서 조촐한 저녁 식사를 하고, 그다음에는 다 같이 노래하면서 삶을 즐겼다.

할아버지는 정말 유쾌한 분이었는데, 모든 이들 특히 할머니께는 아무 부족함 없이 잘해 주려 애쓰시는 너무나 좋은 분이셨다. 그리고 항상 공동체의 평온을 위해서 스스로 숙이고, 설사 남보다 더 힘이 세고 강하더라도 자신의 이해관계를 우선해서는 안 된다는 모범을 보이셨다. 할아버지는 강한 자의 입장에서도 항상 그렇게 살았으며 이것만은 대단히 확고하게 지키셨다. 게다가 피곤함이나 슬픔과는 거리가 멀었고 언제나 힘이 넘치는 분이었다. 나는 그의 이러한 태도에 어두운 면도 숨어 있다는 사실을 한참 뒤에야 간신히 깨달았다. 누구나 평화를 위해서 본인의 욕구를 행동으로 옮기는 일을 매번 포기해야 한다면, 언젠가는 자신이 무엇인가 놓치고 말았다고 인정해야 하는 시기가 오기 때문이다. 유감스럽게도 할아버지 또한 마찬가지였다.

할아버지는 당신 옆에 할머니를 반려자로 맞이하셨는데, 우리 할머니는 평생을 일, 일, 그리고 또 일밖에 모르는 분이었다. 그냥 편안히 앉아 몸에 닿는 햇빛을 즐기는 것은 할머니에게는 상상할 수 없는 일이었다. 할머니는 작고 연약한 분이었지만, 할아버지는 할머니의 노동 관념에 대해 어떠한 반대도 못하셨다. 어쩌면 시도도 안하셨는지도 모른다. 어쨌든 이렇게 하던 저렇게 하던 결과적으로 봤을 때는 아무 차이가 없었다. "열심히 일하는 자가 무엇인가 이룬다."가 우리 집

가훈이었기 때문이다.

이것은 정말이지 힘든 삶이었다. 할머니는 무정할 정도로 다급하셨다. 이렇게 된 것은 그분에게 나쁜 의도가 있어서가 아니라, 정말 이것밖에는 달리 생각할 방법이 없었기 때문이었다.

할머니는 할아버지와는 달리 무척 힘든 유년기와 청년기를 보내셨다. 할머니는 홀어머니 밑에서 컸는데 집에는 아이들 먹거리가 충분치 못했다. 이런 이유에서 하니라고 불린 어린 요한나는 어느 농부의 가족에게로 보내져 그 집에서 일하면서 살아야 했다. 그곳은 할머니에게 완전히 이상향 같은 곳이었다.

그러다가 제1차 세계대전이 일어나자, 할머니의 어머니는 열네 살의 아이를 린츠에서 30킬로미터 떨어진 작은 도시 엔스Enns의 자그마한 호텔로 보냈다. 하지만 호텔 주인은 숙식비를 공짜로 해 주는 대신 아이를 자기 맘대로 언제나 부려 먹을 수 있는 노예처럼 취급했다. 이 시기가 할머니에게 깊은 상처로 남은 게 틀림없다. 할머니는 농부의 집에서 지내는 동안 너무나 행복했던 데다가 이들에게는 자식이 없었기 때문에 언젠가 자기들의 농가까지 물려줄 생각이었던 것이다. 그런데 그런 생활을 아쉽게도 접어야만 했다. 그러고는 노예 같은 삶이 시작됐다. 그때부터 할머니는 작은 농가를 갖는 것과 자신이 정한 대로 정상적으로 일하는 것, 이 두 가지를 갈구하셨다.

1928년, 내 어머니가 태어나셨을 때에 할머니와 할아버지는 이십 대 중반이셨다. 나의 어머니 게르트루트는 외동딸이다. 그 당시 할머니는 집 관리인으로, 할아버지는 섬유회사의 운전사로 일하셨다. 할아버지가 제2차 세계대전에서 살아남은 것은 순전히 행운이었다. 하지만 그것보다는 내면의 상태가 운명을 결정했다고 보는 게 맞다.

전쟁이 발발한 당시 서른다섯 살이었던 할아버지는 최전방에서 싸우는 군인으로 배치되기에는 이미 나이가 너무 많았다. 때문에 그는 병참단의 일원으로, 그것도 스탈린그라드Stalingrad행 연대로 가게 되었다. 하지만 할아버지는 출병하기 얼마 전에 위병이 나서 치료차 독일의 딜링엔Dillgen에 있는 병원으로 보내졌다. 의사들의 소견에 따르면, 그는 거의 죽기 일보 직전이었다고 했다. 그는 이런 이유에서 스탈린그라드로 행군하지 못했다. 할아버지가 아직 병원에 누워 있는 동안 그의 연대는 악명 높은 스탈린그라드의 국지전에서 포위되고 말았는데 그 전투에서 살아 돌아온 사람은 단 한 명도 없었다. 이후에 할아버지는 발칸으로 보내져서 러시아의 전쟁 포로로 잡혀 다시 통나무들을 끌면서 아사 직전까지 갔다. 그러다가 전쟁이 끝난 후에 완전히 뼈만 앙상하게 남아서 다시 오스트리아로 돌아오셨다.

힘든 전쟁을 겪긴 했지만 그가 가졌던 삶에 대한 기쁨은 수그러들지 않았다. 그래서 할아버지는 자신의 집을 갖자는 꿈을 실현하기 위해 가족과 함께 최선을 다해 노력했다. 그들은 관리인과 운전사라는 본업 외에도 아직 아무것도 지어지지 않은 땅에 작은 텃밭을 일구기 시작했다.

할아버지는 항상 맛있는 음식을 먹는 것을 좋아하셨다. 어느 날, 점심시간에 직장 동료 한 명이 매일 베이컨, 소시지, 치즈 등 구미를 당기는 맛있는 도시락을 싸오는 것이 문득 눈에 띄었다. 반면 할아버지의 도시락 통에는 단순히 버터만 바른 빵만 있을 뿐이었다. 할아버지는 스무 살이나 어린 그 동료에게 살짝 물어보았다.

"이봐, 자네는 어떻게 항상 그렇게 맛있는 도시락을 싸오나?"

"저희 어머니가 싸 주십니다."

이런 설명으로는 궁금증이 풀리지 않았다. 그래서 할아버지는 동료의 어머니가 어떻게 이렇게 맛있는 것을 구할 수 있는지 계속 물었다.

"사실 엄마는 양송이를 찾으러 가시는데, 저도 가끔 따라갑니다."

그 동료는 어머니가 매주 주말이 되면 산에 가서 따온 버섯을 주중에 장에 갖다 팔아서 약간의 돈을 마련한다고 귀띔해 주었다.

이런 이야기를 들은 할아버지 가족도 역시 배낭에 커다란 상자를 넣어서는 여름과 가을, 거의 매 주말 산에 가서 버섯을 가득 따서 내려왔다. 종종 50킬로그램이 넘을 때도 있었다. 산이 내려준 선물이라고 불리던 버섯은 당시에는 비교적 비쌌기 때문에, 두 분은 이것으로 주말 하루 만에 보통 사람들이 일주일 일해서 번 돈보다 더 많은 액수의 돈을 버셨다. 이렇듯 할아버지와 할머니는 실제로 본인들의 손으로 직접 자기 살림을 일궈내셨다.

내가 성장해 온 시간들을 돌아볼 때 세 분은 내 인생에서 각기 특별한 역할을 하셨다. 내가 생각하기에 어머니는 여성적인 면이 강한 분이었다. 당신의 행복 기준은 내가 어떤 상태인가에 따라 달랐고 이타주의의 본이 되셨는데, 이로 인해 나는 몇 가지 어려움도 겪었다.

할아버지는 남성적인 면을 가르쳐주셨다. 아무리 궁핍하거나 힘든 순간에도 사람은 유머와 삶에 대한 환희를 잃어서는 안 된다는 것을 할아버지에게서 배웠다. 그보다 더 훌륭하고 마음 따뜻한 '아버지'를 바랄 수는 없을 것이다. 할머니는 나에게 무조건 일을 해야 한다는 의지를 보여 주셨다. 사실 할머니가 살아 계시는 동안에는 할머니와 어느 정도 거리를 두고 지냈다. 할머니도 천성적으로는 좋은 분이셨지만, 평생 동안 참아야 했던 수많은 고통 때문에 당신 본래의 얼굴을 보이지 못하셨다. 그래서 할머니는 항상 편안한 얼굴보다는 화가 난 표정으로 지내셨다. 나는 그런 할머니가 무서웠다.

그렇지만 내 안에도 할머니의 습성이 깊숙이 자리 잡고 있다. 나 역시 오랫동안 사람들을 대할 때 그가 이룬 업적으로만 판단했으며, 돈을 못 버는 사람에게서는 얻을 것도 없다는 확신 속에 살았던 것이다.

그런 사람은 나에게는 아무 가치도 없는 사람이었다. 나는 단순히 그가 가진 돈으로 무엇을 할 수 있는지의 여부로만 사람을 평가했다. 나의 인간상은 이렇듯 물질적인 수준에 머물러 있었다. 이런 가시적인 세계 외에도 전혀 다른 기준이 적용되는 세상이 있다는 사실에 대해서는 완전히 무지했다.

실상이 그러했기에 나는 스스로 고통을 체득해야만 새로운 세계에 눈을 뜰 수 있었다. 항상 어떻게 하면 돈을 벌 수 있을지만 생각하는 사람은 그러는 동안 자신의 삶을 보는 눈은 감기게 된다. 이런 사람은 은행 계좌에 돈이 점점 불어나겠지만, 그의 행복 계좌는 채울 수가 없다. 오히려 행복 계좌는 점점 더 고갈되어 갈 것이다. 이렇게 살기를 원한다면 어쩔 수 없지만, 사실 이것은 자기 인생을 돈과 바꿔치기하는 것이나 다름없다. 한정된 자원을 엉뚱한 곳에 재분배하는 셈이다. 이 부분에서 치명적인 사실은, 돈은 재생산이 가능한 자원이지만 반대로 자기 인생과 시간은 그렇지 못하다는 부분이다. 일에 파묻혀 더 이상 삶을 즐길 수 없다면, 은행에 들어 있는 재산이나 본인 소유의 집, 멋진 자동차 같은 소유나 지위가 무슨 소용이란 말인가?

나는 레온딩에 있던 작은 집에서 배운 것이 전부가 아니라는 사실과 이 작은 세계 밖에는 북적거리는 일 외에도 분명 다른 것이 있으리라는 점을 일찍부터 깨달았다. 그러나 직접 이런 세계에 눈뜨기까지는 무척 긴 시간이 필요했다.

## "이따금 하루를 그냥 흘러가게 두렴"

아무리 많은 일을 해도 항상 새로운 일이 우리를 기다렸다. 버섯과 채소로 둘러싸인 세계가 마음에 들지 않았던 것은 아니다. 나는 여섯 살 때부터 할머니와 할아버지를 따라서 수업이 없는 날과 주말에는 시장에 같이 가고는 했다. 어린 소년이었던 나에게는 무척 흥미로운 경험이었다. 채소와 향신료 가판대의 향기, 통닭구이, 꽃들. 나는 시장에서 온통 자유롭게 돌아다닐 수 있었는데, 이때 나는 마치 크고 넓은 세상을 산책하는 듯한 기분을 느끼고는 했다. 여섯 살짜리 소년의 눈에는 린츠의 남역 시장조차 무언가 이국적으로 보였던 것이다.

딱 한 가지 괴로운 점은 일찍 일어나야 하는 일이었다. 아침 여섯 시에 일찍 판매대를 세워야 했는데, 시장에 따라가는 날에 내가 어땠는지 여전히 생생하게 기억한다. 퉁퉁 부은 눈으로 다섯 시에 계단을 휘청거리면서 내려가 과일과 채소 상자가 천정까지 가득 찬 자동차에 올라탄다. 그러고는 레온딩의 비포장 길을 따라 린츠까지 달리던 우리 작은 화물차의 일정한 흔들림에 맞춰 계속해서 잤다.

그러다가 첫 손님과 대면한 순간부터는 모든 피곤함이 싹 달아났다. 여자 손님들이 오면 더욱 그랬다. 어떤 중년 부인들은 금발에 파란 눈을 한 악동 같은 나의 매력적인 모습에 완전히 푹 빠지기도 했다. 내가 어렸을 때 인기가 많은 아이였는지는 잘 모르겠다. 하지만 그 순간에는 내 영혼에서 빛이 나는 게 확실했다. 나이 많은 부인들이 나를 보면 어쩔 줄 모른다는 느낌은 항상 있었다. 여기서 내가 '나이 든' 이라고 표현했지만, 당시의 내 나이를 기준으로 했을 뿐 실제로는 이십 대 중반이 넘은 여인들도 여기 속했다.

이십 대 초반에 처음으로 이곳 시장에서 내 가게를 열었을 때, 눈을 반짝거리며 여자 손님들에게 '혹시 토마토도 몇 개 필요하세요?"라고 묻던 이 작은 소년이 문득문득 떠올랐다.

나는 이렇게 할머니와 할아버지를 도와서 사람들에게 물건들을 가져다주고, 시장이 파하고 난 뒤에는 모두 수고했다는 의미에서 제과점에 갔다. 이 행사는 시내에 갔다 오는 날마다 그날을 마무리하는 훌륭한 의식이었다.

할아버지가 돌아가시던 날이 여전히 생생하게 기억난다. 큰 공포와 슬픔이 한꺼번에 몰려온 순간이었다. 우리는 레온딩의 집에 있었다. 할아버지는 침대에 누워 계셨는데, 한순간에 갑자기 그의 심장이 더 이상 뛰지 않았다. 한 해 전에 할머니가 먼저 돌아가신 후, 할아버지는 삶에 대한 모든 즐거움을 조금씩 잃고 말았다. 할머니는 뇌졸중으로 한 번 쓰러지신 후에 몸 한쪽에 마비가 와서 몇 년 동안을 고생하셨다. 그래도 할머니는 한 손에 지팡이를 짚으신 채 멈추지 않고 계속 일하셨다. 우리는 할머니와 할아버지, 두 분이 노년이 되어서야 서로 평화를 찾으신 것을 볼 수 있었다. 그러니 할머니가 돌아가신 후에 할아버지가 급격히 노쇠한 것은 놀라운 일이 아니었다. 우리는 할아버지가 힘을 내시도록 당신이 우리에게 꼭 필요한 사람이라는 확신을 드리려 애썼지만 소용이 없었다. 할아버지는 결국 죽고 싶다는 생각에서 헤어 나오지 못했다.

나는 할아버지가 돌아가시기 몇 주 전 어느 날 저녁에 그의 침대 곁에 앉았다. 인생을 정리할 순간이 다가왔다. 나는 그때 할아버지가 해 주신 말씀을 결코 잊지 못할 것이다. "애야, 나도 이따금 하루를 그냥 그대로 흘러가게 놔둔 채 햇빛 아래 앉아 있었으면 좋겠다고 생각한 적이 있단다." 이 말은 한평생 우선순위를 정할 때마다 자신의 생각과 달라도 부인의 의견을 그대로 따라 살았던 팔십 중반의 한 남자가 자기 인생의 끝에 가서야 깨달은 사실이었다. 나는 이 말씀을 항상 마음속에 새겨두었다. 이 말은 끊임없는 힘을 발산하며 내가 큰 스트레스를 받을 때에도 무엇이 삶을 진정으로 살만한 가치가 있도록 하는지 잊지 않도록 해 주는 작은 태양과 같았다.

나는 다른 사람들에게 있는 잠재력을 알아내고 그것을 스스로 깨우는 일을 돕는 것에 흥미가 있었다. 내가 좋은 코치였다면, 클라우스는 좋은 고객이었다. …… 자신이 정말 원하는 것을 해내는 데 필요한 모든 것은 이미 자기 안에 있다고 나는 확신한다. 하지만 이를 위한 능력과 재능은 어쩌면 너무나 깊이 숨어 있어서 자신은 전혀 알지 못할 수도 있다. 훌륭한 코치란 마치 산파와 같은 사람이다. 코치는 사람들 안에 갖고 있는 것을 깨닫게 하고 세상으로 나오도록 도와준다.

# 완두콩 까는 사람

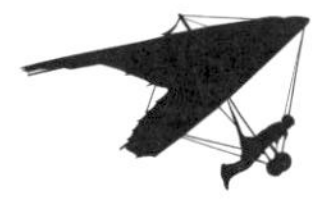

내가 기억하는 한, 나는 항상 외톨이었다. 아이였을 때도 그랬고 지금도 다르지 않다. 한 집단에 속해 살기보다는 자신이 원하는 것에 따라 무엇인가를 할 수 있다는 점이 나에게는 항상 더 중요했다. 그렇다고 다른 사람들이 나를 싫어한 것은 아니다. 나는 레온딩에서 평온한 어린 시절을 보냈으며 자연에서 같이 뛰어놀 수 있는 친구들이 늘 있었다. 친구들이 그리 많지는 않았지만, 그 대신 사귄 친구들과는 매우 친밀한 관계를 맺었다. 우리는 같이 댐을 만들기도 했고, 나무에 기어오르기도 했으며, 나무집도 만들었다. 한눈에 훤히 들어오는 작은 마을 사람들은 선량하고 때 묻지 않은 이들이었다. 이곳에는 약 8천 명 정도의 주민들이 전 지역에 골고루 퍼져 살고 있었는데 나는 마치 거대한 놀이터 한가운데서 자란 느낌이었다.

내가 어떤 집단에 속하는 것을 별로 좋아하지 않는 이유는 외동아이들이 흔히 거치는 전형적인 어린 시절을 보냈기 때문이다. 내 어머니에게 나는 세상의 중심이었다. 어머니는 나에게 무엇인가를 강요하지 않으셨다. 어린 카를이 그때그때 생각한 것들은 항상 그 바람대로 이루어졌다. 어머니는 내가 아주 어렸을 때부터 일관성 없이 홀로 내린 결정들을 그대로 믿어주셨다. 가령 어느 날 갑자기 유치원에 가고 싶지 않으면, 난 그냥 어머니와 할머니, 또 할아버지와 함께 집에 있었다. "카를, 너 유치원에 갈래?"라고 어머니가 물으시면, 나는 "아니, 나 유치원 안 가."라고 대답했다. 그것으로 끝이었다. 이런 일이 반복되면서 나는 집단에 융화되지 못하고 부끄럼을 많이 타는 내성적인 아이가 되었다.

서너 살쯤인가에 내가 더 심하게 외톨이로 살아가도록 부채질한 사건이 일어났다. 어머니는 내 생일날이 다가오자 근방의 다른 아이들을 집으로 초대할 계획이셨다. 내가 유치원에 가지 않더라도, 다른 친구들과는 어울려야만 했다. 어머니는 아이들이 다 함께 멋진 오후 시간을 보내고, 내 장난감을 가지고 놀다가 저녁이 되면 행복에 잠겨 팔베개를 하고 잠자리에 들 거라는 달콤한 상상을 하셨다. 어머니는 빵에 버터를 바르고 식탁에 주스 병을 차려 놓으셨다. 어머니는 손님들이 오기 직전에 한쪽 구석에 음식을 준비하고, 다른 한쪽에는 장난감을 챙겨 놓으시면서 예쁘게 생일파티 코스를 꾸며놓았다. 그날 내가 얼마나 긴장했었는지 아직도 기억한다. 내가 온종일 중심에 서서 관심의 대상이 되는 일은 실로 엄청난 사건이었다.

어머니의 좋은 의도가 기분 좋게 실현되지 않을 거라는 사실은 초대받은 아이들이 집 안으로 발을 들이고 몇 분 지나지 않아서 분명해졌다. 아이들은 차려놓은 생일상에 벌떼들처럼 달려들었다. 음식을 남김없이 싹 먹어치우자 이번에는 내 장난감으로 향했다. 내가 있는지 없는지에 상관하는 아이는 없었다. 여기저기 단추를 전부 눌러보고, 뚜껑을 열어보고, 바퀴를 전부 돌려대며 부산을 떨었지만 이들은 오늘이 내 생일이라는 사실에 눈곱만큼의 관심도 없었다. 내 손님으로 온 아이들의 유일한 관심거리는 재미있게 노는 것뿐이었다. 두 시간이 채 지나기도 전에 우리 집은 마치 소떼들이 짓밟고 지나간 풀밭처럼 보였다. 그리고 더 이상 즐길 수 있는 놀 거리가 없어지자 그들은 집에 가고 싶어 했다.

이들은 선물 상자를 푸는 동안에만 크리스마스를 기뻐하는 아이 같았다. 마지막 선물 포장지가 구석에 구겨져 있으면, "아깝다. 크리스마스가 벌써 지나갔네."라며 슬퍼하는 그런 아이들 말이다. 자신들이 단순히 빵과 주스를 먹기 위해 초대된 것이 아니라, 내 생일에 초대받은 것이라는 사실은 이들에게 아무런 의미가 없었다. 그들은 나와 함께 놀 필요성을 전혀 느끼지 못했다. 물론 당시에 나는 그런 생각까지는 하지 못했다. 하지만 그 혼란의 한가운데에서 내가 얼마나 심난하게 앉아 있었는지는 아직도 또렷하게 기억한다. 그 후로 나는 생일날 딱 한 가지 소원밖에 없었다. 바로 다시는 생일날이 돌아오지 않으면 좋겠다는 바람이었다. 소비 사회에 대한 나의 첫 경험은 이런 식으로 씁쓸하게 끝났다.

점점 나이가 들면서 나는 이 세상에 내가 있을 만한 곳은 어디서도 찾기 힘들다는 사실을 더 분명히 느꼈다. 집에서는 부족한 것이 하나도 없었다. 내가 원하는 것들은 입에서 말 나오기가 무섭게 이루어졌다. 하지만 이조차 나의 어떤 상실감을 보상하지 못했다. 내 방에 앉아 있으면 가끔 길거리에서 다른 아이들이 함께 축구를 하거나 자전거 타는 소리가 들리곤 했다. 나는 아이들과 함께 놀고 싶은 생각이 없었지만, 그렇다고 혼자만 있는 삶에서도 제자리를 찾지 못했다.

그 대신에 나는 내가 만든 환상 속의 세계에서 편안함을 느꼈다. 그곳에서 나는 원하는 그대로가 될 수 있었다. 특히 내가 거하고 싶은 곳, 정확히 그곳에 있을 수 있었다. 나는 꿈속에서 한 장소를 찾았는데, 정말 고향이라 불릴 만한 그곳에서는 마음이 특히 편안했다. 마치 항상 거기 있었던 것마냥 너무나 자연스럽게 느껴지는 곳이었는데, 그곳은 다름 아닌 하늘이었다.

환상 속에서 나는, 창문턱에 서 있다가 날아올랐다. 팔을 몸에 딱 붙이고 공기를 가르며 매우 부드럽게 미끄러져 나갔다. 하늘 높이 오르고 싶으면 단지 다리를 한 번 박차기만 하면 그만이었다. 그러면 나는 바닷속의 한 마리 돌고래처럼 힘들이지 않고 위로 향했다. 나는 레온딩에 있는 집들의 지붕 위로 날아올라 내 발아래 저 멀리 사람들이 작은 개미처럼 길거리에 있는 것을 볼 수 있었다. 나는 잠을 잘 때도 깨어 있는 상태에서도 낮이건 밤이건 똑같이 이런 꿈을 꾸었다.

하지만 이런 꿈은 나에게 득이 되기보다는 오히려 위험에 빠트렸다. 이를테면, 간발의 차이로 이러한 꿈에서 깨어나 산산조각이 날 뻔한 적이 몇 번 있었다.

어느 햇빛 좋은 오후였다. 나는 환상에 빠진 채 창문으로 가서 늘 그랬듯이 창문턱에 올라갔다. 백일몽을 꾸면서 날아다니는 동안에는 일정하게 정해진 순서가 있었다. 하지만 이번에는 무언가 달랐다. 갑자기 바람이 얼굴에 와 닿는 것이 느껴졌다. 그 느낌은 매우 약하긴 했지만 확실히 감지할 수 있었다. 보통 꿈을 꿀 때는 바람을 느끼지 못했기 때문에 바로 알아차릴 수 있었던 것이다. 나는 또 아래를 내려다보면서 '이상하기도 하지. 오늘은 다른 때보다 조금 더 위험해 보이네!'라고 생각했다.

잠시 후에 꿈에서 깨어난 나는 내가 실제로 창문에서 떨어지기 일보 직전이라는 것을 알아차렸다. 나는 말 안장에 올라탄 것처럼 창문틀에 앉아 있었고 다리 하나는 이미 허공에서 대롱거리고 있었다. 나 자신도 알아채지 못할 만큼 깊은 백일몽을 꾸고 있었던 것이다. 내 몸이 아무런 의지 없이 꿈을 따르고 있었는데 다행히도 바람이 나에게 경고를 해 준 셈이다.

바람이 아니었다면 나는 아마도 시멘트 바닥을 향해 새털처럼 가볍게 날아 비극적인 결말을 맞이했을 터였다. 나는 조심스럽게 창문턱에서 내려왔다. 침대에 다시 누운 후에도 무릎이 계속해서 덜덜 떨렸다. 아래를 내려다본 것 때문에 너무나 무서워서 몸이 떨렸다. 이상하게 들리겠지만 나는 두 발로 서 있는 동안에는 어지럼증이 완전히 가시지 않는다. 다시 말해서 내 두 발보다는 나의 날개를 더 믿는 편이다. 나는 지금도 탑 위에 서거나 산벼랑에서 아래로 내려다보면 곧장 겁을 먹는다. 하지만 글라이더나 패러글라이더를 타면, 항상 더 높이 날아가고 싶어진다.

나이가 들면 들수록, 공중으로 날아가는 꿈을 꿀 기회는 점점 더 줄었다. 나 역시 정원 일에 한 몫을 거들어야 했기 때문에 딴생각을 할 틈이 없었다. 할머니가 길게 말씀하실 것도 없이, 나는 할아버지와 어머니가 그랬듯이 할머니의 뜻에 순종할 수밖에 없었다. 안 그래도 토마토 따는 일이나 오이를 가지에서 잘라내는 일처럼 간단한 일은 이미 맡아서 하고 있었다. 이와는 반대로 완두콩 따는 일은 매우 위험했는데 그 이유는 다름이 아니라 내가 완두콩을 너무나 좋아했기 때문이었다. 그래서 완두콩 수확량으로만 따지자면, 내 성과는 말도 못하게 형편없었다. 완두콩 깍지를 두세 개 따면, 그중 한 개는 내 입속으로 재빨리 집어삼켰다. 완두콩은 내가 특별 권리를 행사할 수 있는 유일한 채소였다. 할머니와 할아버지는 내가 완두콩을 얼마나 잘 먹는지 눈치채고는 이것만은 장에 팔지 않기로 하셨다. 나는 여전히 완두콩을 너무나 좋아한다.

하지만 완두콩과는 달리 다른 채소는 쳐다보기도 싫었다. 보통 시장에서 팔다 남은 것이나 내다 팔 만큼 좋은 상품이 아닌 것들만이 식탁에 올라온 탓이었다. 일주일 내내 상상할 수 있는 온갖 종류의 상추를 한 번은 감자랑, 또 한 번은 감자 없이 먹을 때도 있었다. 상추에 드레싱 양을 조절하거나 약간의 감자를 넣고 빚은 경단이 함께 올라올 때도 있었다. 콜라비를 팔지 못한 경우에는 수프로 끓이거나 이를 빵과 함께 먹기도 했다. 그러다 보니 어느 순간이 되자 채소라는 소리만 들어도 신물이 났다. 그래서 나는 장날이 되면 채소를 될 수 있는 대로 더 많이 팔려고 열을 올렸다.

채소 장사로 일을 시작한 뒤에 몇 년이 지나서 나는 '코치 일'을 시작했다. 내 어린 시절에 그리 많지 않았던 진짜 친구들 중에 클라우스라는 아이가 있었다. 그 애도 나와 비슷하게, 사람들 사이에 둘러싸여 있어야만 행복을 느끼는 유형이 아니었다. 많은 아이들 중에서 우리 둘만 혼자 있기를 좋아한다는 공통점이 있었다. 그래서 우리는 주로 혼자 지내다가 이따금 둘이 놀곤 하였다. 내가 여덟 살 정도일 때였나? 나는 클라우스 덕분에 매우 이르게 코치로서 첫 경력을 쌓았다. 클라우스는 나와는 반대로 운동 감각이 진짜 뛰어났고 롤러스케이트 타는 것을 좋아했다. 나는 반대로 몸으로 움직이는 일은 거의 하지 않았다. 내가 했던 운동이라고는 할머니, 할아버지의 밭에서 토마토와 오이를 따는 일 정도였다. 스스로 원한 운동이라고는 해봤자 마당에서 닭들을 잡으려고 쫓는 일이 전부였다.

그런 나와 클라우스가 즐겨 했던 일 가운데 하나는 바퀴가 여덟 개 달린 롤러스케이트를 타고서 용기를 시험해 보는 일이었다. 클라우스의 집 바로 앞에는 경사가 급히 내려가는 보도가 있었는데 이 길의 끝은 직각으로 꺾어지는 모퉁이로 이어졌다. 클라우스는 최대 어느 정도 높은 곳에서 롤러스케이트를 타고 출발해야지 안전하게 길 아래 모서리를 돌아갈 수 있는지 밝혀내고 싶어 했다. 이때 내가 할 일은 그를 지켜보는 것이었다. '나쁘게 생각할 필요 없어. 롤러스케이트 타는 일은 나하고 안 맞아. 게다가 괜히 다리가 부러지는 일은 훨씬 더 싫으니까.'라고 나 자신에게 말하면서 말이다. 당시에도 나는 다른 사람을 자신의 길로 가도록 이끌어 주는 일에 큰 흥미를 느꼈다. 클라우스와 함께 놀았던 일을 보면 무슨 말인지 이해가 될 것이다. 나는 클라우스가 무모하게 출발한 것을 지켜보면서 그가 계획했던 것이 어떻게 되는지, 그리고 그가 자신감에 너무 차 있는지 아니면 자신감이 부족한지 등에 주의를 기울였다. 우리는 이렇게 하면서 수많은 오후를 함께 보냈다.

하루는 집에 킥보드를 두고 와서 클라우스의 자전거를 잠깐 빌려 타고 집으로 가려던 중이었다. 그런데 자전거를 타고 출발하자마자 뒤에서 꽝! 하는 소리가 들렸다. 나는 그 즉시 클라우스가 자동차에 치였다는 사실을 깨달았다. 후에 들은 이야기에 의하면, 클라우스는 차가 오는지 안 오는지도 주의하지 않고 롤러를 타고 찻길로 달려 내려갔다고 했다. 그래서 그는 자기 쪽으로 달려오던 차를 못 봤던 것이다. 평상시 같았더라면 그의 곁에 서서 찻길이 비어 있는지 봐주었을 텐데 내가 자전거를 타느라 눈을 뗀 사이에 일어난 일이었다. 나는 길에 서 있던 자동차들과 그 옆에 쓰러져 있는 클라우스의 모습을 보고는 너무나 무서워서 그곳에서 바로 도망쳐 버렸다.

나는 클라우스가 차에 치인 순간 틀림없이 죽었을 거라고 확신했다. 그때 그의 목숨이 내 손에 놓여 있었는데 내가 외면해서 그렇게 됐다고 생각했다. 내가 그를 죽인 셈이었다. 나는 몇 시간이 흐른 뒤에야 비로소 집으로 돌아갈 수 있었다. 나는 집에서 클라우스가 병원으로 실려 갔다는 이야기를 들었다. 다행히도 몇 군데 약간 긁힌 곳이 있어서 응급 처치를 받은 것 외에는 아무렇지도 않았다고 했다. 그리고 병원에서 두 시간 정도 머문 다음에 벌써 퇴원해서 다시 집에 가도 좋다는 말을 들었다고 했다. 그럼에도 불구하고 나는 그때의 두려움과 사고에 대해 내가 어떻게 대응했는지를 오랫동안 되새겨야만 했다. 결국 이것 때문에 우리의 우정은 금이 가고 말았다.

하지만 이와는 반대로 오늘날까지 지속된 것이 있다. 나는 다른 사람들에게 있는 잠재력을 알아내고 그것을 스스로 깨우는 일을 돕는 것에 흥미가 있었다. 내가 좋은 코치였다면, 클라우스는 좋은 고객이었다. 그에게는 롤러스케이트를 신은 채 언덕을 미끄러져 내려올 만한 능력과 그에 필요한 용기가 있었다. 나는 그가 모퉁이를 돌 때 튕겨 나가지 않으면서 한계를 넘어설 수 있도록 도와주었다.

자신이 정말 원하는 것을 해내는 데 필요한 모든 것은 이미 자기 안에 있다고 나는 확신한다. 하지만 이를 위한 능력과 재능은 어쩌면 너무나 깊이 숨어 있어서 자신은 전혀 알지 못할 수도 있다.

훌륭한 코치란 마치 산파와 같은 사람이다. 코치는 사람들 안에 갖고 있는 것을 깨닫게 하고 세상으로 나오도록 도와준다. 반면, 코치는 다른 사람이 전혀 갖고 있지 않은 무언가를 갖고 있는 것처럼 납득시키는 일은 결코 할 수 없다. 어떤 일이 계속해서 이루어지지 않을 때는 능력이 부족해서가 아니라, 의지가 잘못되었기 때문이다.

결국 내 마음속에는 처음부터 거센 반항심이 생겼다. 그들은 교육과정에 지시된 사항을 한 치도 벗어나지 않고 그대로 가르쳤다. …… 유감스럽게도 내가 다닌 학교도 예외는 아니었다. 교사들은 어린아이들에게 이제 장난치고 다니던 시절은 다 지나갔고 소위 진지한 인생을 시작할 때라고 설명한다. 단지 천천히 어른이 되어간다는 이유로 왜 갑자기 인생이 진지해져야 하는지는 여전히 나에게 수수께끼다. …… 궁극적으로 이 시스템은 소비를 통해 삶의 가장 큰 기쁨을 찾는, 지배가 가능하고 다스릴 수 있는 시민을 내놓을 뿐이다.

# Chapter 03 성숙

사람은 무엇을 통해서 배울까? 무엇이 옳은지, 이 상황에서는 어떻게 행동해야 하는지, 그리고 저 상황에서는 오히려 그만두는 편이 좋은지와 같은 것들은 항상 누군가에게서 들으면서 배우는 것일까? 아니면 어떤 본을 보고 이것을 자기 것으로 삼는 것일까? 이 질문에 대한 답은 확실하다. 사람들은 듣는 것보다 직접 눈으로 보면서 더 깊은 인상을 받는다.

유년 시절과 청소년 시절 나눴던 대화가 모두 기억나는 건 아니지만, 1분이라도 시간이 있으면 몸을 놀려 일을 해야 한다는 사실은 지극히 당연한 생각으로 내 머릿속에 확고히 자리 잡았다. 나는 이것을 조부모뿐만 아니라, 어머니를 통해서도 경험했다. 전체 일과에서 4분의 3이 지나 오후 네 시에 집으로 돌아오면, 제일 먼저 옷을 갈아입은 뒤에 정원으로 가서 어두워질 때까지 계속해서 일을 하는 것이 이분들에게는 당연했다.

어머니는 목공재료 도매상에서 비서와 견학 운영자로 일했는데, 이 분야에서 소질이 매우 뛰어났고 사람들을 잘 이끄는 능력이 있었다. 어머니는 열다섯 명의 기사와 여러 개의 창고에서 일하는 동료들을 챙기는 일을 거의 혼자 해냈으며 어머니의 의견에 반대하는 사람도 없어서 누가 봐도 마치 회사의 여주인 같았다. 만약에 반대 의견이 나올지라도 바람처럼 빠르게 이를 중재할 줄 아셨다.

하지만 집에 계실 때의 어머니는 완전히 다른 사람이었다. 내가 아는 어머니는 모든 에너지를 다른 사람들이, 특히 내가 잘 지낼 수 있도록 쏟아 붓는 분이셨다. 그렇게 어머니는 아들이 더할 나위 없이 행복하게 지낼 수 있도록 인생의 15년 이상을 희생하셨다. 아버지와 헤어진 후에는, 상당히 짧은 기간 동안 누군가를 사귀었을 때만 빼고는 저녁과 주말에도 외출하는 일이 거의 없었다. 어머니에게 있어서 나는 정말 중요한 존재의 이유였다. 어머니는 그것이 최선이라 믿었다. 어머니는 나에게 무엇 하나 빠지지 않고 최선의 기회가 될 만한 환경을 만들어 주려 하셨다.

조부모님, 특히 할머니는 어머니를 키우시면서 그 당시 사람답게 한 가지 전략을 내세우셨는데 바로 아이들은 순종해야 한다는 것이었다. 당시 아이들에겐 온통 해서는 안 될 일들로 가득했고, 어른들이 명령하는 것은 무조건 따라야 했다. 이와는 반대로 어머니는 나에게 거의 제한 없는 자유를 주고 싶어 하셨다. 나는 거의 모든 것을 할 수 있었고 어떤 것도 금지당하지 않았다. 그러나 나를 부족함이 없도록 키우려 한 어머니의 의도와는 달리 나는 성장하면서 아주 중요한 것 하나를 배우지 못했다. 바로 자신의 바운더리를 정하고, 다른 사람의 바운더리도 인정하며 존중하는 것 말이다.

## 반항심

내가 일곱 살이었던 당시에 우리 라베더 가의 아침 풍경은 보통 이랬다(참고로 어머니는 아버지와 헤어지신 후에 결혼 전의 성姓인 라베더를 다시 사용하셨다). 어머니는 이른 아침 회사로 가신다. 할아버지가 직장 차를 타고 나가시면 할머니는 텃밭에서 일하기 시작하신다. 나는 그다음에 옆집에 살던 프란치와 그의 누이 하이디와 함께 초등학교로 갔다.

집에서 학교까지는 1킬로미터 남짓 걸어가야 했다. 우리 모습은 마치 컬러로 된 하이마트필름Heimatfilm(주로 독일, 스위스, 오스트리아에서 유명한 영화의 장르로 배경은 알프스가 많다. 목가적인 배경 속에서의 사랑, 우정, 가족 등을 주제로 한다—역주)에 등장하는 인물들 같았다. 프란치와 나는 셔츠와 털스웨터, 무릎까지 오는 바지와 타이츠를 입고 가죽 샌들을 신었고, 하이디는 긴 원피스를 입었다. 그리고 우리 셋은 모두 등에 얇은 끈이 달린 가죽 책가방을 맸다.

나는 침착하고 매우 조용했다. 수업 시간에는 거의 눈에 띄지도 않았다. 나는 내 자리에 앉아서 하늘을 나는 꿈을 꾸었는데 가끔은 눈을 감은 상태로도 꿈을 꿨다. 한번은 부모님과의 상담시간에 내가 속으로 연모했던 코트바우어 담임선생님이 어머니에게 이렇게 말씀하셨다. "카를은 그냥 입만 열면 돼요. 실제로는 다 알고 있거든요. 그런데 대부분은 그냥 앉아서 아무 말도 안 합니다." 하지만 어머니는 그 후에도 내가 적극적으로 수업에 참여하도록 설득시키려는 시도 따윈 하지 않으셨다. '나 말고도 답할 애들이야 충분한데, 뭐.' 내 생각은 그랬다. 사실 나는 선생님의 질문에 답을 모르기 때문에 아이들이 입을 열지 않는다는 생각은 하질 못했다.

그맘때 나는 크리스티나라는 이웃 소녀에게서 관심을 받고 있었다. 호리호리하고 키가 큰 소녀였는데 원치 않는 관심이어서 난 몹시 부담스러웠다. 그 아이가 얼마나 끈질기게 나에게 관심을 사려 애썼는지 생각하면 지금도 놀랍다는 생각이 든다. 그렇지만 나는 4년 동안 가능한 한 거리를 두려고 무진 애를 썼다. 부끄럼쟁이에 백일몽이나 꾸는 내가 그렇게 관심을 받을 가치가 있다는 생각이 들지 않았기 때문이었다. 그래서 누군가 나조차도 알아채지 못한 가치를 부여해 주면, 나는 어찌할 바를 몰랐다.

가령, 어느 날인가 우리는 오일 크레용으로 그림 한 장을 그려야 했다. 선생님은 완성된 그림으로 등불을 만들려고 이것을 예술적으로 조각조각 자르셨는데 그만 실수로 내 그림을 잘못 자르시는 바람에 등불이 두 동강 나버리고 말았다. 나는 내 그림이 무척 마음에 들었던 터라 몹시 상심했다. 그러자 크리스티나는 일부러 나를 위해서 그림 한 장을 그려 주었다. 선생님은 이 그림을 가지고 새로운 등불을 만드셨다. 하지만 나는 그 등불을 거절하며 만약 선생님이 내 등불을 망가뜨리지 않았더라면 훨씬 더 예뻤을 거라고 말했다. 사실 그때 나는 그렇게 하면서 무척 창피했는데, 내가 그렇게 한 이유는 그 애가 싫어서가 아니라 오로지 나를 위해 오랜 시간을 들여서 작품을 만들었다는 것이 너무도 부담스러웠기 때문이었다.

비록 수업시간에는 지나칠 정도로 대답을 안했지만 초등학교를 마칠 때의 성적은 김나지움(인문계 고등학교—역주)에 갈 수 있을 만큼 충분히 좋았다. 나의 목표는 오스트리아에서 마투라Matura라고 부르는 아비투어Abitur(김나지움의 학생은 고등학교 졸업시험인 아비투어를 치르고 고등학교 졸업증서를 받아야만 대학에 진학할 수 있다—역주)를 통과하는 것이었다. 이렇게 목표를 크게 잡은 것은 집안 내력이었다. 무언가 도전하는 자만이 뭐가 돼도 된다고 할머니가 누차 강조하지 않으셨던가! 어머니는 나를 위해 린츠에서 제일 좋은 김나지움을 고르셨다.

그러나 새로운 학교의 선생님들은 내가 학교에 적응하는 데 오히려 걸림돌이었다. 이 학교는 엄격하기로 명성이 자자했는데, 그곳 선생님들은 이 점을 매우 자랑스러워했다. 처음 만난 순간부터 선생님들은 이제 편한 시절은 다 지나갔다고 못 박았다. 그것도 환영 인사 중에 말이다.

“너희는 4년간 편안하게 초등학교에 다녔다. 하지만 이곳에서는 모든 것이 달라진다는 사실을 지금부터 즉시 적응하는 게 좋을 것이다.”

‘훌륭하군! 그러면 공부하는 게 두 배나 즐거워지겠네.’ 나는 속으로 빈정거렸다. 결국 내 마음속에는 처음부터 거센 반항심이 생겼다. 그들의 수업 방식은 학생들이 자기 한계를 넘어서는 일에 도전하다가는 낭패를 본다는 것을 확실히 가르쳐주려고 계획된 듯 보였다. 다시 말하자면 교육과정에 지시된 사항을 한 치도 벗어나지 않고 그대로 가르쳤다. 규정은 규정이니까. 처음에는 성격이 각양각색인 어린 아이들을 집어넣어 8년 뒤에는 똑같은 사고방식을 지닌 성인으로 만들어서 뱉어내는 그런 훈련시설이었다. 나는 우리 마을을 벗어나서 처음으로 온 장소가 이런 곳일 거라고는 상상조차 할 수 없었다.

그것은 오늘날까지 살아남아 있는 교육체계의 한 표현일 뿐이었다. 어떤 체계든 그 안에는 한계가 있고, 모든 개인은 이 한계 안에서 자신을 배열시켜야 한다는 사실을 어릴 때부터 학교를 통해 주입 받는다. 그리고 교사들은 어린아이들에게 이제 장난치고 다니던 시절은 다 지나갔고 소위 진지한 인생을 시작할 때라고 설명한다. 단지 천천히 어른이 되어간다는 이유로 왜 갑자기 인생이 진지해져야 하는지는 여전히 나에게 수수께끼다.

무엇보다 이런 식으로 학교를 다니면, 많은 청소년이 학교를 전혀 재미있어서는 '안 되는' 곳으로 이해할 수 있었다. 또한 이른 시기부터 자신들이 무엇을 좋아하고, 무엇 때문에 기뻐하는지에 주의를 기울이지 않게 된다. 이런 것은 전혀 중요하게 받아들여지지 않기 때문이다. 단지 규칙을 따르고, 성과를 내고 교사들이 정한 요구사항을 만족시키는 일만 잘하면 그만이었다. 이런 체계가 우연히 생겨나 발전했다고는 생각할 수 없다. 궁극적으로 이 시스템은 소비를 통해 삶의 큰 기쁨을 찾는, 지배가 가능하고 다스릴 수 있는 시민을 내놓을 뿐이다.

## 나의 학창 시절

단지 선생님들 때문은 아니었지만 나의 낭만적인 시절은 이내 지나가 버렸다. 청소년들은 항상 떼 지어 몰려다니면서 가장 큰 재미를 줄 만한 아이에게 달려들곤 한다. 이러한 현상은 남자만 있는 고등학교에서 특히 심했다. 나는 불행히도 그런 애들의 목표가 되었다. 내 키가 작았기 때문은 아니었다. 키로만 봤을 때 난 평균 정도였으니까. 단순히 싸우기를 거부했던 나를 제물로 찍은 거였다. 나는 스스로를 방어하면서 다른 아이들을 상대로 내가 얼마만큼 버틸 수 있는지를 보여주는 것이 도대체 어떤 의미가 있는지 몰랐다. 집에서는 그런 일을 할 필요도 없었고, 레온딩의 초등학교에 다닐 적에도 세상은 그런대로 제대로 돌아가고 있었다. 하지만 그곳에서 가장 약했던 나는 놀림감을 찾는 그들에게는 무척 매혹적인 목표였다.

자신을 방어하려 하지 않는 누군가를 괴롭히는 일은 얼마나 흥미진진한지. 이것은 언제나 불장난 같다. 괴롭힘을 당하는 사람이 언젠가는 화가 치밀어 올라 폭발할 것인지, 아니면 그대로 참고 있을 것인지 불확실하기 때문이다. 그래서 때때로 내 책상에서 물건이 없어지거나, 집에 돌아가는 길에 동급생들이 내 머리에 쓴 모자를 채어 가서 벌판에 집어던지거나 하는 일이 있었다. 나를 화나게 하려고 벌이는 사소한 일들이 내게는 커다란 굴욕이었다.

하지만 나는 그들이 보고 싶어 하는 행동을 하지 않았다. 나는 화를 내지 않았다. 모든 심술궂은 일들을 꾸역꾸역 참고 넘기면서 전혀 방어하지 않았다. 레온딩의 정원으로 들어서서 등 뒤로 문을 닫으면 세상은 다시 온전해진다는 것을 알고 있었기 때문이다. 집에 오면 할머니가 준비해놓으신 점심을 먹고, 그다음에는 숙제를 하고, 그 뒤에는 할아버지와 마구간에 갔다. 나는 이곳에서 안전했고, 나에게 나쁜 짓을 하는 사람이 없었다. 잠들기 전에 어머니에게 학교에서 그날 일어났던 일들을 이야기하면 어머니는 나를 팔에 안고 위로해 주셨다.

하지만 동시에 어떻게 하면 반항할 수 있는지를 보여주는 사람이 아무도 없었기 때문에, 나는 마치 외부와 전혀 다른 규칙의 다스림을 받는 유리상자 안에서 사는 것이나 다름없었다. 나는 점점 더 내 안으로 기어들어 갔다. 수업시간에는 종종 건성으로 앉아 있었다. 옆 짝꿍과 나는 마음이 서로 잘 통했는데, 나는 수업보다는 이 아이와 함께 종이와 펜으로 겨루는 전쟁놀이에 더 집중했다. 우리는 어떻게 하면 상대방 군대를 전멸시킬 수 있을지 고민했다. 우리는 때때로 이 놀이를 오후에 거실 바닥으로 그대로 옮겨 계속하기도 했다. 거실 한가운데에 자원과 병사들을 각자 나라에 세우고는 상대방을 향해 전진시켰다. 당시에 나는 라틴어, 역사 혹은 음악 공부를 해야 했는데, 그것은 완전히 무시하고 매일 전쟁놀이에만 빠져들어 누가 이기느냐 문제에만 매달려 지냈다.

결국 열네 살이 되었을 때 올 것이 오고 말았다. 다음 학년으로 진급하는 것이 불투명해진 것이다. 내 기말고사 수학성적은 진급할 수 있는 기준점 밑에서 맴돌았다. 이런 이유에서 나는 소위 재시험을 치러야 했다. 하지만 나는 그렇게 중요한 시험을 며칠 남겨두고도 별다른 노력을 하지 않았다. 어차피 이 시점에서 무언가 해 보려고 해도 소용없을 거라 생각했기 때문이었다. 나는 그저 가지고 있던 자료 몇 장만을 들추어 보았다. 그게 전부였다.

칠판 앞에 서자, 선생님이 문제를 내셨다. 이 과제를 보고 나는 속으로 '내 인생을 이렇게 쉽게 풀리게 해 주시다니, 정말 감사합니다.' 라고 생각했다.

"그래." 내가 올바르게 문제를 풀자 선생님이 말씀하셨다. "그건 약간 쉬운 부분이었고, 두 번째 문제는 바로 이거야."

그 문제는 쉬운 것과는 거리가 멀었다. 거의 살인 방정식이었다. 그럼에도 불구하고 나는 오랫동안 이리저리 계산하지 않고 칠판에 비교적 빨리 답을 쓸 수 있었다. 나는 문제를 받아 적으면서 이 문제를 어떻게 풀어야 할지 이미 파악하고 있었다. 거기에 대해 오랫동안 생각해 볼 필요 없이 직관적으로 말이다. 선생님은 내가 문제를 풀고 난 뒤에 몇 분 동안 아무 말씀도 하지 않으셨다.

이 문제는 어느 경우에도 이렇게 풀어서는 안 된다는 호통이 떨어질 것만 같아 무서웠다. 어떻게 문제를 풀었는지 해법 과정을 기록하지 못한다면 시험에서 떨어질 수도 있겠다 싶었다. 내 걱정이 점점 더 커져만 갈 때 선생님이 갑자기 말씀하셨다. "그래, 이렇게도 풀 수 있겠구나. 우리가 수업시간에 배웠던 것하고는 다르지만, 이렇게 해도 되네." 그리고 나는 다음 학년으로 올라갈 수 있었다.

나는 이 일을 겪으면서 때로 어떤 일은 아무리 발버둥 쳐도 소용이 없다는 것을 배웠다. 그러므로 몸을 잔뜩 웅크리기보다는 긴장을 풀고 자신의 운에 모든 것을 맡기는 일이 때로는 더 현명한 방법일 수도 있다. 이렇게 해서 나는 수학에 애정을 갖게 됐다. 수학은 마지막에 정답을 얻어낼 수만 있다면 푸는 과정에서는 꼭 배운 대로 할 필요가 없었기 때문이었다. 즉 해법 과정이 배워서 터득한 것인지 아니면 창의적인 생각에서 나온 것인지 문제가 되지 않았던 것이다.

그렇게 나는 김나지움 4학년이 되었다. 하지만 나는 점점 더 수업시간에 친구와 종이 위에서 전쟁놀이를 했고, 수학과 라틴어 성적은 더 나빠져 갔다. 그러다가 라틴어 시험에서 50점 만점에 겨우 2점을 받고 말았다. 드디어 올 게 왔다는 사실은 너무도 명확했다.

나 같은 아이들이 수업에 취미를 붙일 수 있도록 선생님들이 노력하는 일 따윈 없었다. "이곳이 맞지 않으면 하우프트슐레(김나지움이나 레알슐레Realschule에 진학하지 못한 학생들이 가는 학교로 평판이 좋지 않음—역주)나 가면 되지 뭐. 아무도 여기 있으라고 붙잡지 않는다." 선생님은 그렇게 말했다. 그래서 나는 교사가 되겠다고 다짐했다. 이렇게 매일 칠판 앞에 서서 '규정은 규정이다'라며 신경을 거슬리게 하는 그런 선생님들보다는 내가 훨씬 더 잘할 수 있을 것 같았다. 내가 선생이라면 내 학생들은 수업 시간에 웃는 얼굴로 앉아 있게 할 것이다.

적어도 이 학교에서는 더 이상 미래도 없고, 이곳에서 졸업시험을 치르는 일도 불가능하다는 것은 분명했다. 그래서 어머니는 대안학교를 찾아다니다 천주교 재단에서 운영하는 '린츠교구 고등단계 레알김나지움Realgymnasium'을 알게 되었다. 새 김나지움은 비교적 작은 학교였다. 학교는 세 개의 평행 학급으로 이루어져 있었으며 학생들은 열네 살에서 열여덟 살 사이에 음악 계열과 자연과학 계열로 진로를 선택했다. 본래 자연과학에 관심이 있었기 때문에 나는 최적의 학교라고 생각했다. '그런데 이곳에서는 선생님들과 잘 지낼 수 있을까?'

이 학교에 지원하는 모든 학생은 우선 교장 선생님과 면접을 봐야 했는데 나는 이 점이 꽤 마음에 들었다. 나는 교장 선생님과 마주앉자마자 "제 성적이 워낙 나쁘니 입학시켜주실 거라는 기대도 안 합니다. 하지만 제가 현재 다니고 있는 학교는 정말 형편없다는 사실을 아세요?"라고 말했다. 당시 나는 말을 거의 안 했지만 한 번 입을 열었다 하면 매우 직설적으로 말하곤 했다.

교장 선생님은 다행히도 내가 하는 말에 귀를 기울여주었다. "아니, 네 성적이 나쁘다고 받아주지 않거나 하는 일은 없단다. 라틴어는 어차피 처음부터 해야 하고 성적표에 'F'가 있다고 해도 입학에 장애가 되진 않는다." 며칠 뒤, 집의 편지함에는 입학 승낙서가 들어있었다. 진학할 학교가 정해지자 나는 지금까지 나를 가르쳐온 라틴어 선생님에게 이제부터는 수업을 듣지 않겠다고 엄포를 놓았다.

"그게 옳다고 생각되면, 그렇게 해. 하지만 그래도 숙제는 해야 해." 그는 고작 이렇게 대답했을 뿐이었다. 나는 그래서 남은 몇 달 동안 내 이름 외에는 아무것도 적지 않은 빈 종이만 제출하곤 했다. 그 학교의 교사들은 나에 대해 좋은 기억이 없을 것이다. 하지만 나도 그들에 대해 마찬가지다.

많은 교사들이 가르치는 데 흥미가 없는 것이 꼭 그들만의 책임이라고만 할 수는 없다. 그들도 분명 이런 교육체계 때문에 학생들만큼이나 고통스러울 것이다. 어쩌면 그들은 교직을 결정할 때 앞으로 무엇이 기다리고 있을지 충분히 생각조차 하지 않았을지도 모른다. 애당초 교직과목을 수강하는 학생들은 어린 학생들이 인생길을 걷는 데 도움을 줄 만한 것들을 배우지 않는다. 대신에 어떤 특정 주제에 관한 내용만을 다룬다. 즉, 어떤 사람은 수학 공식을 배우거나 포에니 전쟁 Poeni(기원전 264년에서 146년에 걸쳐 로마와 페니키아의 식민시植民市 카르타고가 세 차례 치른 전쟁으로, 포에니는 라틴어로 페니키아를 가리킨다—역주)을, 또는 대륙이동설의 원인을 관심 있게 다룬다.

그리고 그들은 교사 양성기간 동안 교육 능력을 키우는 데 신경 쓰기보다는 교육과정의 틀에 집어넣을 수 있는 단답형 지식을 전달하는 데만 여념이 없는 체계에 갇히고 만다. 그리고 그 자체로 흥미로운 주제들은 이해하기 어려운 교재로 바뀌어 나중에 성적을 매기는 데 필요한 문제로 재생산된다. 이와 같은 체계에서 개성을 펼치는 것은 불가능할 뿐더러 학생은 물론 교사 역시 재미를 느끼지 못한다.

## 우리는 무엇으로 배우는가

나는 학교가 분만실과 같다고 생각한다. 교사는 산파의 역할을 하는 사람이고 여기서 학습 주제는 단지 목적을 위한 수단일 뿐이다. 모든 사람은 자기 안에 어떤 특수한 소질과 특정한 관심을 품고 있다. 어떤 사람은 자연과학이 잘 맞을 것이고, 또 예술이 잘 맞는 이도 있을 것이다. 혹은 역사에 관심이 있는 사람, 아니면 언어에 끌리는 사람이 있을 것이다. 이러한 관심사들을 깨워서 어떤 한 가지에 집중하게끔 도와주면 사람들은 자연스럽게 이 분야에 파고들어 열정을 갖고 발전시키기 시작한다. 이렇게 되면 결과적으로 더 좋은 성적이 자연스레 따라오기 마련이며 학생들뿐 아니라 선생들에게도 기쁨이 된다.

그와는 반대로 학교 교육이 얼마나 중요한지를 목에 핏대를 세워가면서 주입시키는 것은 아무런 의미가 없다. 학생들이 자기 인생을 위해서가 아니라, 단지 성적을 위해 배운다는 느낌을 받는다면, 아무리 애원하더라도 위와 같은 것은 이룰 수 없다.

이것으로 우리는 이번 장을 시작하며 제시한 '사람들은 어떤 방법으로 배울까?'라는 질문으로 다시 돌아왔다. 그렇다. 우리는 기쁨을 통해서 배운다. 기쁨을 통해서만 자발적인 의욕이 생겨난다. 하지만 흥미와 열의에 대해서는 점수를 매길 수 없기 때문에 지금과 같은 체계에서는 이런 즐거움을 전혀 고려하지 않는다. 그래서 학생들이 공부하는 데 흥미를 붙이도록 이끌어주기가 매우 어렵다. 그럼에도 학생들을 고압적인 자세로 대하면서 배움의 기회를 준 것을 감사하게 생각하라는 듯이 수업하는 학교라면 솔직히 말해 즉시 문을 닫는 것이 차라리 더 나을 것이다. 사실은 정반대가 되어야 한다. 교사들이야말로 어린 학생들이 인생의 길을 걷는 데 일정한 부분을 동행할 수 있게 된 것을 기쁘고 감사하게 생각해야 한다.

물론 의식의 전환만으로 모든 문제를 다 해결할 수는 없다. 현재처럼 '아비투어'를 '통과'한 것만으로 고등학교 졸업시험Reifeprüfung을 '치렀다'고 인정해 주는 것 또한 문제다. 생각해 보라. 책을 통해서만 세상을 아는 사람을 두고 '성숙Reif'했다고 할 수 있는가? 더군다나 책

속에서만 세상을 여행한 사람이 교사가 되어 가르치는 지금 상황에서 말이다.

나는 책 속에서만 경험한 것과 실제로 보는 것의 차이를 실제로 경험해 보았다. 어느 날 어머니가 극장에 가라고 내게 돈을 주셨을 때다. 그 당시에 극장표는 나에게는 말할 수 없을 만큼 비싸게 느껴졌다. 때문에 극장에 가는 것은 굉장한 일이었다. 열여섯 살 남자애들이 대부분 그렇듯이 나 역시 내 나이에 아직 적당하지 않은 전쟁 영화 한 편을 보았다. 내가 우리 반 짝꿍과 항상 책상에서 단지 흉내만 내던 전쟁 장면이 갑자기 눈앞에 확 펼쳐졌다. 나는 극장 스크린 위에서 사람들이 죽어가는 것을 보았다. 우리 놀이에서는 단순하게 막대 그림으로 그려졌던 사람들이 갑자기 두려움에 가득 찬 얼굴을 하고 총에 맞으면 고통스러워서 소리를 질러 댔다. 우리의 전략 게임에서는 군대가 후퇴하거나 세계를 정복하는 것만 문제가 되었는데, 이 영화에서는 사람들이 각각의 개개인들로 그려졌고, 매우 개인적인 그들의 운명 또한 볼 수 있었다. 나는 갑자기 이 놀이에 완전히 흥미를 잃었다. 나는 더 이상 사람들의 삶과 죽음을 놓고 놀고 싶지 않았다.

학교에서 배우는 것 또한 이와 비슷하다. 예를 들면, 다른 대륙의 생활조건에 대해 배울 때를 생각해 보자. 아프리카에 사는 사람들은 종종 굶주리다 죽어간다는 것이나, 우리가 원하면 얼마든지 가질 수 있는 것을 얻으려고 중남미에서는 목숨을 걸어야 할 때도 있다는 것 등은 수업 시간에 늘 듣는 이야기였다.

하지만 이렇게 귀로만 듣는 것과 현지 사정을 자기 눈으로 직접 보는 것은 다르다. 그리고 대부분의 경우 이런 실물교육은 바로 자기 집 문 앞에서 시작된다. 가령 우리는 학교에서 어떤 식으로 식료품 생산이 이루어지는지 배운다. 그런데 교사들은 왜 학생들을 도축장으로 보내, 동물들에게 무슨 일이 일어나는지 직접 확인하도록 하지 않는 것일까? 책으로만 인생을 아는 사람이 아니라, 자신의 감각으로 세계를 지각하고 듣고, 보고, 느낀 사람만이 성숙한 사람이라고 생각한다.

이런 의미에서, 열여덟 살이 되어 웬만큼 괜찮은 성적으로 학교를 떠날 때의 나 역시 전혀 성숙한 사람이 아니었다. 새 학교에서 상급생으로 보낸 4년의 시간은 별 탈 없이 조용히 지나갔다. 나는 선생님들과 평화 협정을 맺었을 뿐 아니라, 정말 좋은 모범을 보여주신 선생님도 한 분 만났다. 나도 그분처럼 학생들을 가르쳐보고 싶었다. 뿐만 아니라, 처음 다녔던 학교에서처럼 아이들에게 놀림 받는 일도 많이 줄었다.

당시 글라이더 타는 일에 푹 빠져 지내지 않았더라면, 나는 훨씬 더 좋은 성적으로 졸업할 수 있었을지도 모른다. 그런데 하필이면 고등학교 졸업시험 날짜가 글라이더 비행의 최적기와 겹친 것이다. 이건 누가 뭐래도 교육부 책임이 크다.

모든 것은 극복하느냐 아니냐의 문제이다. 때때로 아직 확실하게 가늠할 수 없는 결과를 위해 무언가를 결정해야 하는 순간이 있다. 그럴 때는 가지고 있는 모든 용기를 끌어모아야 한다. 하지만 훗날 뒤돌아봤을 때, 진정한 행복의 느낌을 주는 것들은 이렇게 무모해 보이는 결정에서 비롯된다. 실제로 성공적으로 비행을 마치고 실버-C 시험의 끝에 쉐어딩 비행장이 시야에 들어온 순간, 나는 이 세상에서 가장 행복한 사람이었다.

# 비행

나는 한 마리의 새다. 작은 소년이었을 적에 나는 조금도 힘들지 않게 하늘을 날아다니거나 몸을 약간만 움직여서 하늘을 오르락내리락하는 모습을 상상하곤 했다. 그때부터 나는 진짜 하늘에서도 상상해왔던 것처럼 완전한 새가 될 수 있을 거라고 예감했다. 그러니 나에게 있어 이 상상이 얼마만큼 실제로 일치하는지 밝혀내고자 하늘에 오르는 건 당연한 수순이었다.

그렇게 글라이더 비행을 시작한 이후로 쌓아 온 경험이 없었더라면, 아마도 지금과는 완전히 다른 사람이 되었을 것이다. 인생에 대해 배웠던 많은 가르침을 땅 위의 일상에서 이해하기 전에, 나는 이미 글라이더 비행기 조종석에서 소화한 것이다. 글라이더 비행이란 나에게 있어서 마치 여분으로 주어진 삶과 같다. 살다 보면 아직 충분히 내다

보지 못해 명확히 판단할 수 없는 문제에 대해 결정을 내려야만 할 때가 많은데, 글라이딩은 멀리 보는 힘을 키워준다.

자전거를 타는 사람들은 자기들끼리 있을 때 '자기 삶을 사랑하는 사람은 자전거를 탄다.'라는 용기를 북돋아 주는 속담을 즐겨 인용한다(힘이 들어도 포기하지 않고 자전거를 끌고 앞으로 계속 간다는 뜻—역주). 나는 오늘날까지 이 속담대로 노력하며 살아왔다. 그래도 여전히 두 발 달린 자전거를 타거나 두 발로 걷는 것보다는 날아다니는 것이 훨씬 더 편하게 느껴진다. 따라서 내 삶의 좌우명은 이 속담을 약간 변형시켜서 '자신의 삶을 사랑하는 사람은 날아간다.' 정도가 되겠다. 만약 글라이더를 알지 못했더라면 나는 스스로를 날개가 부러진 새와 같다고 느꼈을 것이다.

## 첫 비행

내가 처음으로 글라이더를 접한 것은 열여섯 살 생일이 되기 몇 달 전 어느 날이었다. 제목은 기억이 안 나지만 줄거리가 인상 깊었던 한 편의 영화로부터 모든 것은 시작되었다.

그 영화에 나오는 어린 남자아이는 취미가 모형비행기를 만드는 것이었는데 이것을 가지고 놀면서 무선 조종기로 비행기를 조종했다. 그러다가 직접 글라이더 비행장으로 가서 진짜 비행기들이 오르고 내리는 것을 감탄하면서 쳐다볼 기회가 있었다. 여태까지 소형 모형비행기만 보다가 진짜 비행기들을 보니 얼마나 매혹적이던지.

점심시간이 되어 비행 강사들과 학생들은 점심을 먹으러 갔다. 그 자리에는 아무도 없었고 비행장도 텅 비었다. 소년은 수줍어하면서 비행기로 조용히 다가가 들여다본다. 그는 어떤 비행기 앞에 서서 그 모습을 자세히 살펴보고는 조종석에 올라탔다. 직접 날아보고 싶은 마음에 그는 조종석 유리 덮개를 닫고 가장 가까이 있는 도구들을 자세히 들여다봤다. 그는 조종간을 움직이고 단추를 여기저기 눌러보면서 평소 모형비행기를 날릴 때 했던 동작을 실제로 하늘에서 하려면 어떻게 해야 하는지 생각했다. 그때까지도 비행장에는 소년 외에 아무도 없었다.

소년은 자신 앞에 놓인 것에 너무나 심취되어 있어서 비행학교 학생들이 쉬는 시간이 끝나고 돌아오는 것을 알아차리지 못했다. 이들은 누군가 비행기에 앉아 있는 것을 보고 자신들 중 한 명일 거라고 생각했다. 그래서 출발 밧줄의 걸쇠를 걸고 비행기를 높이 들어 올렸다. 조종석에 앉아 있는 소년이 무슨 일이 일어났는지 알아차렸을 때는 이미 늦었다. 출발 준비가 모두 끝나자 깃발을 든 사람이 신호를 보냈고, 밧줄이 팽팽하게 당겨지면서 소년은 하늘로 높이 끌려 올라갔다.

그가 탄 비행기가 아직 밧줄에 묶여 있을 때, 영화의 장면은 머릿속으로 자신의 학생들 수를 세고 있는 비행 교관에게로 넘어간다. 학생들이 모두 자기 앞에 서 있는 것을 확인하자, 교관은 도대체 누가 비행기에 앉아 있는지 묻는다. 비행학교 학생들은 모두 지상에 있었으므로 누군가 다른 사람이 조종석에 앉아 있는 게 분명했다. 몹시 당황한 교관은 무전기로 달려가서 소년과 연락을 취하고 무엇을 해야 하는지 정확하게 설명해준다.

내가 이토록 영화에 몰입했던 것은 줄거리 때문이 아니었다. 내용보다는 오히려 하늘을 찍은 장면들에 더 깊은 인상을 받았다. 그 장면들이야말로 내가 꿈속에서 날아다니면서 항상 상상했던, 내 아래 멀찍이 보이는 땅의 모습과 똑같았던 것이다.

그 순간 나는 반드시 글라이더를 배우겠다고 결심했다. 그래서 영화가 끝나자마자 집에 가서 어머니에게 글라이더 조종법을 배우고 싶다고 말했다. 그랬더니 어머니는 "좋을 대로 하렴. 누가 널 말리겠니."라고 말씀하시며 바로 승낙하셨다. 문제는 우리 집이 그 비용을 감당할 여유가 되는가였다.

당시에는 아직 집에 전화가 없었기 때문에 어머니는 다음 날 사무실에 있는 전화로 집에서 25킬로미터 정도 떨어진 곳에 있는 비행 학교에 전화를 걸었다. 비행 학교에서는 내가 아직 어리니 열여섯 살 이상만 수료 가능한 정규 과정에는 들어가지 못하겠지만 대신 맛보기 과정을 수료하고 나이가 찰 때까지는 선생님과 함께 타면 된다고 설명했다. 다행히 수강비는 그럭저럭 낼 만한 가격이었다.

나는 그다음 주말에 자전거를 타고 비행장까지 가서 2인승 글라이더의 뒷좌석에 앉아 선생님과 함께 첫 비행을 마쳤다. 이상하게도 처음으로 하늘을 난 순간이었는데도 특별히 감동적이지 않았다. 그냥 상상 속에서 이런 풍경이겠거니 하고 그려보던 모습과 일치했다. 그래서인지 모르겠지만, 비행하는 동안 내내 마치 내가 이 모든 것을 이미 알고 있었다는 인상마저 들었다.

그런데 단 한 가지 느낌, 마치 고향에 돌아온 듯한 감정만은 극도로 강하게 전달됐다. 저 높은 곳에 있는 하늘이 진짜 내 집이라는 것이 뚜렷이 느껴졌다. 다시 조종석에서 내려왔을 때, 나는 하늘이 파랗고 땅은 녹색인 것이 분명한 사실이듯이 하늘은 나를 이루는 선천적인 구성요소라는 사실을 분명히 깨달았다. 나는 그 안에서 완전히 혼자 움직일 수 있는 법을 배우고 싶었다.

그러나 정작 글라이더 비행기를 조작하는 법을 익히는 데는 어느 정도 시간이 더 걸렸다. 한 마리의 새가 되겠다는 나의 확신과는 달리 안타깝게도 소질은 그다지 없었던 것이다. 몇 년 동안 적극적으로 운동을 한 적이 없어서 운동 신경이 발달하지 못한 탓이었다. 가족 중에도 따로 운동하는 사람이 없어서 어떻게 몸을 움직여야 하는지 그 느낌을 잡아내기가 어려웠다.

당연하게 들리겠지만, 몸에 대한 감각이 없는 사람은 실제로 새가 되어서 자유롭게 움직일 수 없다. 이런 사람들은 몸동작이 조화를 이루게 하면서 움직이는 것 자체가 어렵기 때문이다. 게다가 원리상 팔의 연장일 뿐, 결코 팔과 다를 바 없는 날개를 어떻게 움직여야 하는지 모르는 것은 당연하다. 그래서 나는 글라이더 비행을 위한 운동법을 단계적으로 차근차근 발전시켜야 했다.

처음으로 혼자서 비행한 날은 아무래도 신경이 곤두서있었다. 나는 정확히 열여섯 살 생일에 혼자 비행해도 된다는 허락을 받았다. 선생님은 함께 비행을 마치고 돌아온 후에 바로 내게 말했다.

"자, 이제 너 혼자 이 경로를 날아봐."

"제가 벌써 혼자 날아도 된다고 생각하세요?" 나는 겁을 잔뜩 먹은 채 물었다.

"그럼, 넌 할 수 있어."

그때 일을 생각하면 아직도 다리가 떨린다. 나는 먼저 조종석의 유리 덮개를 닫았다. 그러자 내가 탄 글라이더와 엔진이 달린 비행기를 잇는

줄이 연결되었다. 조금 있으면 저 비행기가 나를 하늘 위로 높이 끌어 올릴 것이다. 나는 다시 한 번 모든 방향타를 움직여 보고 출발 준비가 되었다는 신호를 보냈다. 조력자들은 비행기가 떠오르는 동안 비행기의 측면이 땅에 닿아 끌리지 않도록 수평을 잡아준다. 글라이더는 바퀴 하나로 서 있기 때문에 아무도 붙잡아 주지 않으면 옆으로 기울어지기 때문이다. 그다음에 연결된 끈이 팽팽해지고 엔진이 달린 앞의 비행기가 속도를 높여서 글라이더를 매우 부드럽게 하늘로 끌고 올라간다. 드디어 혼자 하늘을 날게 되었다.

바람의 흐름이 비행기에 와 닿고, 방향타가 작동하기 시작해 마치 천사의 손에 이끌리듯 비행기가 떠오르는 순간은 정말 특별한 경험이었다. 활대가 끌리는 소리가 사라지고 가운데 있는 바퀴가 두세 번 더 돌아간다. 그리고는 조용해진다. 그러면 글라이더 앞에 날아가는 엔진 달린 비행기의 소리와 주위를 둘러싼 바람 소리만이 들려온다. 심지어 비행기 뒷좌석에 앉아서 앞에 대고 뭐라고 큰 소리로 지시하는 선생님도 없다. 나를 방해할 것은 아무것도 없다.

엔진 비행기 뒤를 따라 날 때는 어느 정도 집중을 해야 한다. 엔진 비행기보다 위나 아래로 날아서는 안 되며 다른 방향으로 이리저리 끄는 일이 없도록 얌전히 경로를 따라가면서 연결된 줄을 유지해야 한다. 지상에서 약 4백 미터 떨어진 상공에 도달하면 연결된 줄을 놓아야 하는

데, 내가 스스로 이 시점을 정할 수 있다는 것은 출발할 때만큼이나 나를 다시 한 번 흥분시킨다. 조종간을 꽉 쥐고 잡아당긴다. 그러면 '탁!' 하는 소리와 함께 줄이 떨어져 나간다. 비행기가 엔진 비행기와 더 이상 연결되어 있는지 아닌지를 확인하기 위해 다시 한 번 걸쇠를 연다. 그리고 나면 엔진 비행기가 아래로 하강해서 땅으로 다시 돌아가는 것을 볼 수 있다. 프로펠러 돌아가는 소리도 더 이상 들리지 않게 되면서 갑자기 고요함이 주위를 완벽하게 둘러싼다. 비행기 아래를 내려다보면 모든 것이 제자리에 있음에도 어딘가 완전히 다른 느낌이다.

## 용기 그리고 믿음

홀로 해낸 첫 비행은 일종의 축제 같았다. 단지 글라이더 비행장 주위를 한 바퀴 돌았을 뿐이었지만, 그 짧은 비행이 그때까지의 생애를 통틀어서 가장 강렬한 경험이었다. 사실 지금의 내가 그때의 비행을 다시 한다면 분명 너무 따분해서 잠들어버리고 말 것이다. 어찌 됐든 하늘에 오르고 다소 시간이 지나자 드디어 한 마리 새처럼 자유롭게 움직일 수 있었다! 내 지시에 따라 비행기가 움직이는데도 한순간도 두려움을 느끼지 않을 만큼 모든 것이 너무나 자연스럽고, 간단하고,

그리고 당연하게 느껴졌다. 나는 마치 평생 날아다녔던 것처럼 자연스럽게 하늘을 누비고 다녔다.

꿈만 같았던 비행시간이 끝나고 잠깐 천국을 들여다본 것 같은 기분으로 비행기를 착륙시켰다. 나는 마침내 둥지를 처음 떠난 새가 된 듯한 기분이었다.

이때부터 나는 틈이 나는 족족 글라이더 비행장에서 시간을 보냈다. 종종 안개가 껴 있을 때도 언젠가는 걷히겠지 하는 희망으로 달려갔다. 비록 비행기에는 타 보지도 못하고 집으로 돌아와야만 했을 때도 슬퍼하지 않았다. 글라이더를 탄 지 2년 만에 내 비행시간은 이미 2백 시간을 넘었고, 실버-C라고 부르는 첫 번째 비행능력시험을 치를 수 있었다(그 사이에 나는 자전거를 타고 비행장까지 가는 시간이 너무 길어 글라이더 협회를 바꿨다). 이 시험을 통과하기 위해서는 50킬로미터의 거리를 날아야 하고, 최소한 다섯 시간 동안 공중에 머물며 자기 지역의 비행장 외의 다른 곳에 착륙해야 한다.

비행시간은 전혀 문제가 되지 않았지만, 익숙한 지역에서 벗어나는 것은 커다란 도전이었다. 이륙했다가 출발한 비행장으로 돌아오는 것이 아니라 풀밭이든 어디든 상관없이 공터를 찾아 착륙해야 했는데 이는 상당한 부담이었다. 나는 확신을 갖고 착륙하기 위해서 세 차례나 시도해야 했다. 두 차례 착륙을 시도할 때 두 번 다 하늘이 별로 안 좋아 보였고, 게다가 그 중 한 번은 안전을 위해 돌아가는 편이 낫겠다는 생각이 들어 착륙을 중단했었다. 마침내 다시 상승해서 날았을 때, 나는 67킬로미터나 떨어진 먼 곳까지 날아갔고, 북오스트리아의 소도시인 쉐어딩Schärding의 비행장에 착륙하는 데 성공했다.

비행하는 동안 내가 정말 그곳까지 갈 수 있을 거라고 예측한 것은 아니었다. 사실 그 사이 어딘가에 있는 풀밭에 내려앉을 가능성도 있었다. 하지만 그럼에도 제때에 사용할 수 있는 비행장이나 풀밭을 찾을 수 있을 거라 생각하면서 마음을 편하게 먹고 계속 날았던 경험은 나에게 큰 깨달음을 주었다. 나는 그 이후로 더는 내 앞에 놓인 것들을 두려워하지 않게 되었다. 이것은 글라이더 비행뿐만 아니라 '일상' 생활에서도 마찬가지이다. 내가 '일상'이라는 단어를 작은따옴표 안에 쓴 것은 하늘에서의 삶이 사실 나에게는 진짜 삶처럼 느껴지기 때문이다. 나는 딱딱한 바닥에서 발을 딛고 사는 삶이 비일상적이며 부자연스럽게 느껴질 때가 자주 있다.

나는 이런 훈련을 통해서 비교적 이른 시기에 매우 값진 경험을 했다. 결과를 장담할 수 없는 상황에서도 좋은 결과를 이끌어낼 수 있다고 나 자신을 믿는 것이 바로 그것이다. 이 경험은 훗날 비행 외의 다른 삶의 부분에서도 나에게 큰 도움이 되었다.

사실 이런 능력은 재능과는 상관이 없으며 소질이나 유전자의 문제도 아니다. 그보다는 낯선 것에 과감하게 도전하고, 그것이 자신이 꿈꾼 방향으로 발전할 수 있게 영향력을 미칠 수 있도록 준비 자세를 갖추는 일이 중요하다. 또한 예상치 못한 일이 벌어질 경우를 대비해 대응책을 마련할 수 있는 준비 자세도 중요하다.

자신이 알고 있는 범위를 넘어 비행하지 말고 너무 높이 날아오르지 말아야 안전하다는 사실은 누구나 잘 안다. 안전하게 타려면 자기 비행장 주변만을 빙글빙글 돌면서 늘 익숙한 곳만을 바라보고 절대로 위험한 일은 하지 않으면 된다.

하지만 첫 번째 시험을 봤을 때 나에게 눈에 익은 장소를 벗어날 용기가 없었더라면 분명히 이 스포츠가 제공할 수 있는 가장 아름다운 순간을 놓쳤을 것이다.

이는 자신에게 닥친 일이 결국에는 좋은 결과를 낼 것이며 결정적인 순간에 바른 방향으로 나갈 것이라 여길 수 있는 믿음의 문제이기도 하다. 글라이더 비행은 이런 마음 자세를 갖게 해 주는 뛰어난 훈련이다.

글라이더에 앉으면 삶과 죽음은 거의 문제시되지 않는다. 오히려 장거리 비행의 경우에 출발 비행장 혹은 목적지 비행장에 도착할 수 있을지, 아니면 울퉁불퉁하고 거친 풀밭에 착륙하게 되었을 때 돌아오기가 어렵지는 않을지 같은 것들이 더 큰 문제가 된다.

모든 것은 극복하느냐 아니냐의 문제이다. 때때로 아직 확실하게 가늠할 수 없는 결과를 위해 무언가를 결정해야 하는 순간이 있다. 그럴 때는 가지고 있는 모든 용기를 끌어모아야 한다. 하지만 훗날 뒤돌아 봤을 때, 진정한 행복의 느낌을 주는 것들은 이렇게 무모해 보이는 결정에서 비롯된다. 실제로 성공적으로 비행을 마치고 실버-C 시험의 끝에 쉐어딩 비행장이 시야에 들어온 순간, 나는 이 세상에서 가장 행복한 사람이었다.

## 상승기류 찾기

내가 글라이더 비행을 하면서 느끼는 매력은 단순히 비행거리를 갱신하는 것 정도가 아니다. 이보다는 산 주위를 비행하는 것에서 더 큰 매력을 느낀다. 나는 산을 좋아한다. 산등성이 옆이나 위로, 그리고 정상으로 날아오를 때는 자연과 완전히 하나가 된 듯한 기분이 든다. 기복이 심한 바위의 모습과 아름다운 색깔이 드러난 경치, 그리고 숨막히게 하는 전망은 항상 나를 매혹시킨다.

나는 상승기류를 느끼며 즐거워한다. 이 눈에 보이지 않는 바람의 움직임은 지상에서 데워진 공기덩어리가 위로 오를 때 생긴다. 조종사들은 이를 '수염'이라고 부르는데 글라이더 비행기는 이와 같은 공기의 흐름 속에서 마치 자동차가 주차 탑을 층층이 돌아서 올라가는 것처럼 원을 그리며 위로 회전할 수 있다. 따라서 성공적인 비행이란 상승하는 바람을 차례로 올라타고 나를 더 높이 올라가게 해줄 이런 눈에 보이지 않는 에너지를 찾아서 올라간 후에, 이 새로운 높이에서부터 아래를 향해 다시 천천히 내려오는 것이다.

이 원리를 발견했을 때 나는 마치 여태까지 전혀 알려지지 않은 새로운 세계에 발을 들여놓은 기분이었다. 좀 더 시간이 흐른 후에 상승온난 기류를 어떻게 알아볼 수 있는지에 대해 배웠는데 구름이 이것을 알아볼 수 있게 해 주는 중요한 표시가 된다. 구름에 대해 공부한 사람은 구름이 어떻게 생성되었는지를 볼 수 있다. 예를 들어서 흐르는 생크림처럼 보이는 구상의 구름은 일반적으로 다음의 원인으로 발생한다.

태양 광선에 의해 데워진 지표는 장소에 따라 정도의 차이가 크다. 바위 언덕 같은 경우 눈밭이나 바다보다 더 뜨겁게 데워진다. 그러면 바닥은 이 열을 주위의 대기로 방출하는데 만약 표면에 가까운 공기층이 주변의 공기보다 온도가 높으면 이 공기층은 상승한다. 공기 중에 포함된 습기는 어떤 일정한 높이가 되면 응결되어서 구름으로 만들어진다.

그런데 그 아래 실제로 또 다른 상승기류가 있는지는 글라이더 조종사가 직접 들어가 봐야만 알 수 있다. 구름의 모양은 단지 이전에 무엇이었는지를 나타낼 뿐이다.

일반적으로 구름이 없어지면 상승기류도 사라졌다고 말할 수 있다. 그렇지 않으면 상승기류가 계속해서 습기를 몰고 올 테니 말이다. 하지만 항상 그런 것은 아니다. 공기가 응결되기 전에 이미 상승기류가 발생하기도 한다.

응결은 말하자면 그 결과다. 이런 이유로 구름 아래 더 이상 상승기류가 존재하지 않아 구름이 없어졌는지 아니면 막 새로운 상승 온난기류가 발생하는 찰나인지는 아무도 모른다.

이런 이유에서 구름의 순환이라고 부르는 현상을 관찰하는 것이 중요하다. 구름이 1분 혹은 2분 동안 '살아 있으면', 이것은 습기가 낮은 것을 의미한다. 이런 구름은 오스트레일리아와 같은 건조한 지역에서 나타난다. 이곳 사람들은 구름이 없는 상승 온난 기류를 블루 상승 온난 기류라고 부른다.

그러나 이렇게 빨리 '죽는' 구름은 상승기류가 이미 몇 분 전에 다시 건조해졌기 때문으로, 이는 바람이 매우 많은 날 종종 생기는 현상으로 따뜻한 공기층이 극도로 적기 때문이다. 이렇게 되면 지표면으로부터 강한 바람이 생겨나 작은 온난한 공기층을 불어 없애기 때문에 모든 상승기류 구름은 짧은 생을 보낼 수밖에 없다.

얄미운 것은 '시체'라는 이름이 붙은 구름이다. 이런 구름들은 보기에는 정말 아름답지만 그 아래에는 더 이상 상승기류가 존재하지 않는다. 구름이 떠 있는 층은 습기를 너무 듬뿍 머금고 있어서 거의 흩어지지 않기 때문이다.

오랫동안 그렇게 떠 있다가 바람이 불면 땅 위로 깔린다. 비행하다가 이 구름을 보게 되면 '야, 구름 한 번 진짜 예쁘네.' 라는 생각이 들지만 정작 그 앞에 가면 '에이, 아무것도 아니잖아.' 하고 실망하게 된다. 이런 일이 두세 번 일어나면, "조심해, 멋진 모양을 유지하면서 하늘에 오랫동안 떠 있는 구름들은 시체야."라며 주의하게 된다. 바로 이런 이유로 조종사들은 조금 전에 발생해서 막 커지고 있는 작은 구름에 더 주의를 기울이고 전략을 바꾼다.

글라이더 조종사가 되면 언제나 결정이 필요한 순간에 놓인다. 자연이 수시로 새로운 신호를 보내기 때문이다. 비행기 안에서 쌓은 경험과 실시간 기상조건에 대한 지식을 갖고 있더라도 구체적인 상황에서 어디로 향해서 날지 결정하는 것은 직관적인 판단력에 달려 있다. 겉모양만 봐서는 실제로 이 구름이 우리가 생각하는 특성 그대로인지 아닌지 알아낼 수 없다. 그러므로 우리는 그 구름이 어떤지를 직접 느껴야 한다.

잉고 레너라는 사람은 이렇게 말했다. "상승 온난 기류는 바로 우리가 발견하는 곳에 있다." 내가 무척 좋아하는 말이다. 그는 오스트레일리아에 살고 있는 독일 사람으로 지금까지 네 번의 우승컵을 거머쥔 실력자다. 하지만 실제로는 글라이더 조종사 중 많은 사람은 그저 이론적인 기준만 따르려는 유혹에 빠지고 만다.

나는 글라이더 조종사가 된 후에 처음 몇 년간은 그러한 결정의 순간이 됐을 때 스스로 확신을 가질 수 있도록 정신을 집중했다. 이렇게 했어도 땅에 기반을 둔 생활을 하면서 쌓아온 본능적인 소심함을 없애는 데는 오랜 시간이 걸렸다.

나도 한때는 나보다 경험이 많은 다른 조종사가 특정한 구름을 탈 때 어떻게 비행기를 조종하는지 보면서 따라하면 더 많이 보고 느낄 수 있을 거라 생각했었다. 그래서 그가 간 흔적을 따라갔는데 거기에 상승기류가 없다는 것을 알고는 실망했던 일이 종종 있었다. 이런 경험을 통해서 나 자신을 맡길 수 있는 것은 스스로가 지닌 지식과 느낌, 직관뿐이란 사실을 깨달았다.

나를 위로 끌어 올려주는 제대로 된 상승기류를 만나는 것은 결코 쉬운 일이 아니다. 잘못된 곳으로 날아 들어가는 경우에도 그 책임은 전적으로 나에게 있다. 다행히도 비행 거리가 길어지면 길어질수록, 스스로의 직관에 대한 신뢰는 점점 커져갔다.

## 머리의 결정 VS 가슴의 결정

이 경험에서 나는 한 가지 원리를 이끌어 냈는데, 바로 '결정적인 순간에 정확한 결정을 내리는 것은 항상 머리가 아니라 마음이다.'는 것이다. 그 이후로 이 원리는 내 인생 전체를 가로지르며 훗날 내가 내린 모든 사업상의 결정도 이 원칙을 따랐다. 내가 만약 이 원리를 깨닫지 못했다면 지금의 이런 '성공'을 이루지는 못했을 거라고 확신한다. 만약 어떤 결정을 내려야하는데 머리가 알지 못한다면, 느끼는 방법밖에 없다. 그리고 대부분의 경우 마음에서 비롯된 믿음직한 육감은 무엇이 정확한 결정인지를 알고 있다.

어쨌든 뒤돌아 생각해 보면, 직관적으로 내린 모든 결정은 정확했다는 것이 훗날 입증되었지만, 머리가 내린 결정들은 나를 종종 막다른 곳으로 몰고 갔음을 보았다. 글라이더 비행사들의 언어로 표현하자면, '죽은 구름 아래 있는 듯한' 느낌을 주었다.

물론 '머리'도 의미가 있다. 특히 글라이더 비행을 할 때는 더욱 그렇다. '머리 없이' 주변을 비행한다는 것은 아무런 의미가 없다. 자신이 무엇을 하는지 정확하게 알아야 한다. 조종석에 올라서 '우선 하늘로 올라가니까 그다음에는 어떻게 해서든 내려오겠지.'라고 생각해서는 절대 안 된다. 어떻게 올바르게 비행기를 출발시키고 또 자신과 글라이더를 다시 무사히 지상으로 데리고 내려올지를 철저히 학습해야 한다. 이것은 자동차를 운전하고 싶을 때 차를 주차했다가 다시 빼내려고 할 때와 마찬가지이다. 그렇지만 그런 능력만으로 훌륭한 글라이더 조종사가 되는 것은 아니다.

훌륭한 글라이더 조종사란 다른 사람에게는 보이지 않는 숨겨진 것들을 자각할 수 있는 사람들이다. 그리고 이런 것들은 종종, 눈이 아니라 그것에 대한 느낌을 전달하고 그 결정이 최적이라고 느끼게 하는 마음으로만 알아차릴 수 있다. 현대의 글라이더에는 조종석에 모든 파라미터 수치를 측정하고 계산해 주는 컴퓨터가 장착되어 있다. 하지만 비행을 해서 가장 가까이에 있는 산마루를 넘고 싶을 때, 우리를 저 먼 하늘 위까지 들어 올려 부드럽게 미끄러지게 해줄 상승기류가 어디 있는지는 어떤 모니터에도 나타나지 않는다.

그뿐만이 아니다. 기계들은 단지 밖에 무슨 일이 일어나고 있는지만 측정할 수 있다. 하지만 이를 계기판에 옮겨도 조종사가 이해할 수 있는 것은 극히 일부에 지나지 않으며 그나마 그 일부에 대처하는 동안 다른 모든 정보가 지나가 버릴 수도 있다.

가끔 충분히 만족스러운 비행을 하기 위해 값비싼 글라이더를 구입하는 사람이 있다. 그렇지만 공중에서 자신의 감각에 스스로를 맡길 수 없다면, 값비싼 글라이더만으로는 만족스러운 비행을 절대 경험할 수 없다. 이와는 반대로 제때에 머리보다는 마음으로 판단하고 결정할 수 있는 사람이라면, 삼십 년이 넘은 낡은 비행기로도 고공비행을 경험할 수 있다.

우리는 일상생활에서도 이런 일들을 자주 접한다. 예견할 수 없는 미래에 일어날 일에 대해 중요한 결정을 내려야 하는 순간에 처해 있다고 생각해 보라. 모을 수 있는 모든 중요한 매개변수를 모조리 수집하고, 모든 논의를 조정했다. 그다음엔? 이제는 어떻게 결정을 해야 할까? 누구의 의견을 따라야 할까? 느낌? 아니면 머리가 목표로 삼은 것을 따라가야 할까?

나는 대부분의 사람들이 여러 상황에서 실제로 자신들의 느낌이 권하는 것과는 정반대의 선택을 한다고 생각한다. 그들에겐 자신의 느낌이 하는 말을 그대로 들을 용기가 없다. 또한 '내가 옳다고 여기는 대로 결정하면 그게 바로 정답이야.'라고 머리가 내뱉는 말을 더 신뢰하는 것이다. 그들은 나름대로 확실한 쪽을 선택했다고 생각하겠지만, 이는 동시에 자신의 본질에 반대하는 것이며 개인적인 열정과 갈망에 거스르는 결정이라고 나는 자신 있게 말할 수 있다.

어렸을 때는 당연히 갖고 있었던 자신의 직관과 연결되는 끈을 지금은 잃어버렸기 때문에, 우리는 종종 자기의 느낌이 하는 말에 귀 기울이는 법을 잊곤 한다. 하지만 어린 시절에는 직관에 따라 좋거나 옳다고 느껴진 일만 했었다. 그래서 우리는 항상 '지금 이 순간'에 존재할 수 있었다. 그때에는 자신을 둘러싼 주위에서 무슨 일이 일어나는지는 전혀 들리지도 보이지도 않았다. 레온딩에서 보낸 어린 시절을 뒤돌아 생각해 보면, 나에게도 이런 일은 상당히 자주 있었다.

"열두 시까지 집으로 와. 다 같이 밥 먹을 거니까." 어머니는 그렇게 말씀하셨지만 나는 열두 시가 넘어가도 알아차리지 못하고 계속 놀았다. 언제는 한 번 누가 소리 지르는 것을 듣고는 '어, 엄만데. 무슨 일이시지? 벌써 열두 시가 됐나?'라고 생각한 적도 있었다. 이렇듯 우리는 어렸을 때는 느낌에 따라 생각했다. 그러나 학교 교육을 받고, 사회적 인습에 물들면서 이 능력을 잊거나 잃어버리고 만다.

할 수만 있다면, 자신의 마음이 하는 말에 다시 귀를 기울이기를 바란다. 이는 머리로 하는 사고는 버리고 가슴으로 하는 직관으로만 결정하라는 의미는 아니다. 글라이더 비행을 할 때도 항상 머리와 가슴이 하는 결정 사이에서 조화를 찾는 자세가 요구된다.

그렇다면 우리는 언제 우리의 직감을 따르고, 언제 있는 그대로 보이는 것을 믿어야 할까? 자신의 감정이나 지식을 따라야 할 때를 어떻게 구별해야 하는 것일까? 이러한 과정은 마치 어떤 조절기 앞에 앉아 있는 상황처럼 보인다. 이 조절기의 한쪽 끝에는 '머리'라고 쓰여 있고, 다른 한쪽에는 '가슴'이라고 쓰여 있어서 상황에 따라 이쪽 혹은 다른 쪽으로 방향을 바꿀 수 있다. 이것으로 머리를 따를지, 가슴으로 결정할지가 맞춰지는 것 말이다.

하지만 모든 사람이 적절히 조절할 수 있는 그런 편리한 기계는 존재하지 않는다. 오히려 이 조절기는 항상 움직인다. 사람이 각자 다 다른 것처럼, 풀어야 할 상황과 삶의 영역 역시 차이가 있다. 예를 들어서 어떤 사람은 머리가 하는 말에 따라 행동함으로써 직장에서 성공을 거두기도 한다.

하지만 그렇더라도 개인 생활까지 풍성한 성공의 꽃을 피우는 것은 아니다. 원칙적으로 이 조절기는 체계 전체가 최고로 작동하는 곳, 정확히 그곳에 있어야 적당히 유지할 수 있다. 하지만 나는 우리 사회의 조절기가 만성적으로 너무 '머리'쪽으로 가깝게 서 있는 건 아닐까 하는 의심이 든다.

글라이더 비행을 통해서 나의 본질에 다가갔다면, 사업가로서 자신을 발견한 것은 이때가 처음이었다. 사실 어렸을 적에 자립하는 것이 그토록 매력적으로 보였던 이유는 여러 지침과 규칙으로부터 자유를 얻을 수 있어 보였기 때문이었다. 하지만 실제로 사업을 하기 위해 애쓰면서 나는 자유는커녕 오히려 그 반대가 되었다. 고객에게 높은 품질과 완벽한 서비스를 보장하기 위해 스스로 생각할 수 있는 범위 안에서 가장 엄격한 규칙을 세웠기 때문이었다. 하루에 열두 시간에서 열세 시간 정도 일하는 것이 일상이 될 정도였다.

# 수공예

어느 방향으로 가고 싶은지 매 순간 새롭게 결정할 수 있는 상태를 '자유'라고 한다면, 나에게 있어서 하늘은 내가 얼마나 멀리 갈 준비가 되어 있는지를 가늠할 수 있었던 실험실이었다. 그때까지 나는 어머니가 허락해 주신 제한된 자유 속에서 살았다. 어머니가 내켜 하지 않으셨지만 나는 이것을 빌미로 기진맥진해질 때까지 담배도 피우고, 술도 마셔볼 생각이었다. 하지만 어차피 이전부터 집에서는 모든 게 허용됐고 맥주 맛뿐만 아니라 담배 맛도 쓰기만 해서 아예 처음부터 시작하지도 않았다.

있지도 않은 한계를 없애는 일 따위는 정말 재미가 없다. 나는 차라리 사춘기에 접어든 아이들이 보통 경험해 보는 모험인 아웃사이더가 되기로 했다. 그런데 그 모험으로 오히려 나는 완전히 자기를 책임지고 자립적으로 살아갈 삶의 모습을 갖추게 되었다. 이 모험에서 나는 의미심장한 일이든 혹은 바람직한 일이든 상관없이 가능한 모든 것을 시도해 보았다. 내 앞에 펼쳐진 모든 가능성을 도전이라고 생각했으며 이것들을 마스터하기 위해 내 모든 것을 거기에 걸었다.

그래서 급기야 보디빌딩을 하기 시작했다. 고등학교가 끝날 무렵, 린츠의 내가 다니던 학교에는 피트니스 센터에서 근육을 단련시키는 게 유행이었다. 같은 반 몇 명을 보면 이것이 어느 정도 효과가 있음이 분명했다. 나는 그들을 본받고 싶었다. 그리고 어느 정도까지 스스로 몸을 '만들 수' 있을지 알고 싶었다.

그때부터 나는 글라이더 비행장으로, 또 시내에서 둘째가라면 서러울 정도로 흉측했던 뢰머베르크 스튜디오로 향했다. 될 수 있으면 짧은 기간에 근육을 가능한 한 많이 키우고, 어떤 방법으로든 자기 몸을 부푼 근육 덩어리로 만들고 싶은 자들이 그곳으로 갔다. 거울이 붙은 벽 앞에 웨이트 트레이닝 기구가 놓여 있고 땀으로 흠뻑 젖은 이 지하실은 나에게 딱 맞는 곳이었다.

이렇게 해서 그때부터 '정원사' 카를은 '다리' 카를이 되었다. 첫 번째 별명은 할아버지와 함께하는 정원일 때문에 같이 운동하던 사람들이 나에게 붙여준 것이었고, 두 번째 별명은 내가 힘들여 운동하지 않아도 다리와 종아리에 근육이 많이 붙었기 때문이었다.

하지만 나는 어느 정도 몸을 만든 후에도 '정원사' 일을 계속했다.

열아홉 살에 할아버지가 하시던 정원 일을 넘겨받은 이후로 이것으로 대학교에서 공부하고 글라이더를 탈 때 필요한 돈을 충당했기 때문이다. 나는 이를 통해 혼자만의 힘으로 독립할 수 있었다. 인생에서 가장 중요한 목적은 돈을 버는 것이라고 생각하는 기업가의 길로 들어섰던 것이다. 정원사 일이 그때 내가 가졌던 유일한 직업은 아니었다. 나는 린츠의 시장에 채소를 내다 팔았고, 그것 말고도 레온딩의 외곽에 있던 아파트 지역에서 신문을 돌렸다. 나는 집집마다 돌면서 사람들이 '아니오!' 라는 말을 꺼내기도 전에, 평판이 안 좋으면서도 잘 알려진 타블로이드 일간지를 공짜로 구독하도록 건넸다. 그러고 나서 며칠이 지나면 다시 찾아가서 신문이 마음에 들었는지를 친절하게 물은 다음에, 꽃을 몇 송이 선물하면서 일 년 동안 신문을 정기 구독하도록 설득했다.

그럴 때 신문 구독에 서명하는 사람들은 대부분 아주머니들이었다. 신문사주들의 주장하는 세계관에 들어맞을 때까지 얼렁뚱땅 진실을 왜곡시키는 그런 신문을 팔아서 돈을 벌었다는 것은 지금 생각해 보아도 창피한 일이다. 하지만 그 당시에는 짧은 기간 안에 많은 돈을 벌 수 있는 쉬운 일이었다. 그리고 나는 우리 신문외판원 대장이 신문에 대해 보기 좋게 꾸며대도록 놔둘 만큼 순진했었다. 어찌 되었건 나는 이렇게 해서 번 돈으로 가장 커다란 자유로 향하는 내 계획의 다음

단계를 실행시킬 수 있었다. 즉, 나 혼자만을 위한 글라이더를 샀던 것이다.

굳이 그렇게 무리했던 건 내가 속해 있던 글라이더 협회에서 어떤 사건이 일어난 후로 더는 내 글라이더가 아닌 비행기로 하늘을 날고 싶지 않아서였다.

여름 집중 비행 강좌가 끝날 무렵이었다. 나는 그 사이에 스무 살이 되었고, 그 시즌의 마지막 비행을 마칠 참나였다. 상승 온난 기류는 흩어지고 띄엄띄엄 있어서 비행하기에 조건이 매우 까다로웠다. 거의 50킬로미터를 비행했는데 출발했던 비행장에 더 이상 착륙할 수 없다는 것이 분명했다. 그래서 나는 다른 비행장에 우선 착륙해서 엔진 달린 비행기가 내 글라이더를 끌고 가게 할 생각이었다.

하지만 그 비행장이 시야에 들어왔을 때, 나는 글라이더를 끌고 그곳까지 가는 것조차 무리라는 것을 깨달았다. 고압전선 하나가 지나가고 있어서 비행장까지 직선으로 갈 수 있는 경로를 막고 있었기 때문이었다. 나는 비행장 외부 착륙을 하려고 준비했지만, 이마저도 시간이 너무 늦은 때였다.

마지막 순간, 지상에서 몇 미터밖에 떨어지지 않은 곳에서 너무 더디게 비행을 하다가 2미터 정도의 높이에서 글라이더가 땅으로 곤두박질치고 말았다. 속도가 너무 느린 탓으로 비행기 날개에 닿는 기류가 갑작스럽게 끊긴 게 원인이었다.

다행히도 피해는 크지 않았다. 비행기는 대부분 정상 가동했고 더 심한 피해는 없었다. 단지 소위 눈이라고 불리는 부품이 두 개 부서져서 날개가 앞뒤로 움직일 수 있는 것을 방해했을 뿐이었다. 게다가 마지막 시즌이라서 겨우내 비행기를 수리할 수 있는 시간도 충분했다. 요컨대 사소한 문제였다는 이야기다.

그런데 이 사고는 성공한 기업가인 우리 협회의 정비소 소장에게는 젊은이들에 대한 불신을 심어주는 또 다른 증거가 되었다. 그에게는 자신만이 신봉하는 진실이 하나 있었는데 그것은 바로, '모든 젊은 애들은 미쳤다'는 것이었다. 그는 마치 내일 따윈 없다는 듯이 펄쩍거리고 화를 내면서 나에게 욕을 퍼부었다.

이런 경험은 나에게 두 가지 이유에서 커다란 충격으로 다가왔다. 우선 글라이더 비행을 지극히 당연하게 생각했던 내 믿음에 금이 갔다. 나는 그간 비행하는 자신을 매우 자랑스럽게 생각했고 이로써 자신감을 키워왔다. 그런데 목에 핏대를 세우면서 성질을 내는 이 남자의 멸시를 받고 있자니 그동안 내가 쌓아온 믿음의 한 축이 무너져 내리는 것 같았다.

두 번째로 이 사고로 말미암아 항상 높이 오르려고 애쓰던 나의 야심에 타격을 받았다. 그때까지 나는 글라이더를 탈 때 단지 위로만 향했을 뿐 오직 착륙할 때만 아래로 내려갔다. 이전 여름에 곡예비행 면허증도 땄고, 지원받아 마땅한 유망한 능력자로 인정받은 터라 자긍심이 하늘을 찌르고 있었다. 그러나 사고 이후 내 자긍심은 망가져 버린 비행기의 눈처럼 엉망진창이 되어버렸다.

## 교생실습

후에 되돌아 생각해 보면, 이것은 조종사뿐만 아니라, 일상에서 자기 확신을 쌓아가는 사람들에게 전형적으로 나타나는 현상이다. 무언가 새로운 일을 시작할 때 처음부터 자신감을 나타내는 사람은 거의 없다. 자기 일에 확신을 지닌 사람은 오히려 적다. 어찌 됐든 보통 사람들은 처음에 전진하고 나서 그 뒤에 발전이 뒤따르는 것을 확인한다. 그러다 보면 언젠가는 '지금까지는 잘 해왔어. 내가 생각했던 것보다 더 좋은데?'라고 자신하게 된다. 즉 처음에는 자신을 너무 과소평가했다가 갑자기 과대평가로 넘어가는 것이다.

하지만 잘 풀리던 일이라도 언젠가는 실망할 일이 생기기 마련인데 이를 극복하는 것이 중요하다. 이를 극복한 사람들은 '어이쿠, 난 여전히 완전히 초보구나.'라고 깨닫는다. 이런 경험으로부터 올바른 결과를 이끌어내는 것은 인생에 큰 도움이 된다.

나는 이 사고를 잘 이겨내면서 다음과 같은 결론을 끌어냈다. 그 중 하나는 가능하면 빨리 내 전용 비행기로 나는 일이었다. 만약 나중에 사고가 난 뒤에 소리를 지르더라도, 바로 내가 그 일을 감당하면 그만이었다. 그리고 나는 2년 뒤에 이 소원을 성취할 수 있었다. 이것이 아슬아슬한 차이로 나에게 치명적인 결과를 가져오리라고는 그 당시에는 전혀 알지 못했다.

그때쯤 해서 나는 린츠 교육원에서 교생실습을 막 마쳤다. 나는 학교에 다니면서 마음먹었던 일들을 실행해 보고 싶었다. 내가 맡은 과목은 수학, 물리 그리고 화학이었는데 하우프트슐레의 열 살에서 열네 살까지의 학생이 대상이었다. 이 학교의 학생들에게 학교도 재미있는 곳이 될 수 있음을 보여 줄 선생님이 꼭 필요하다고 절실히 느꼈기 때문이었다.

나는 비교적 짧은 3년간의 대학 생활을 보냈기에 교생실습을 시작했을 때의 나이는 겨우 스물하나였다. 당시 나는 실습시간을 준비하면서, 생생히 살아있는 수업이라는 나의 비전이 학교체계라는 벽에 심각한 위배가 된다는 사실을 비교적 빨리 깨달았다.

연배가 높은 한 동료 교사가 감독으로 참관했던 한 수업에 내가 어떻게 준비해 갔었는지는 아직도 기억이 생생하다. 그때 나는 학습계획서에 맞춰서 수업을 준비하긴 했지만, 학생들에게 내용을 더욱 잘 전달할 생각에 계획서를 창의적으로 재해석했다. 하지만 내가 어떻게 수업을 진행할지에 대해서 동료 교사에게 간략하게 설명하자, 그는 이렇게 하는 것은 불가능하며 지시된 것을 그대로 지켜달라고 나에게 당부했다. 이유인즉슨, 이제까지 이 학교에서는 단 한 번도 내가 시도하려던 것을 한 적이 없기 때문이라는 것이다.

"하지만 학생들이 학습에 더 많은 흥미를 느낄 수 있도록 약간만 바꿨을 뿐입니다."라고 나는 이의를 제기했다.

"여보세요, 선생. 학교는 당신이 원하는 대로 할 수 있는 곳이 아닙니다. 그리고 도대체 학생들이 수업 시간에 왜 재미있어야 합니까? 그들은 무언가 배워야 해요."

"내가 수업을 준비하면서 지루해서 거의 잠들어버릴 정도이면, 학생들이 같은 반응을 보인다고 어떻게 그들을 책망할 수 있겠습니까?" 나는 그렇게 따졌다. 하지만 그 동료 교사의 태도뿐 아니라, 학교 전체 관료 태도는 요지부동이었다.

나를 괴롭게 했던 교사들보다 더 좋은 선생님이 되자는 나의 동기는 이 사건으로 인해 순식간에 사라져 버렸다. 자신을 포기하고 학습계획을 무조건적으로 따르는 것과 차라리 처음부터 학교에서 등을 돌리는 것 사이에서 내가 하나를 선택해야 할 무렵이었다. 나는 이곳에서는 스스로 결정할 수 있는 것이 전혀 없다는 사실을 깨달았다. 동시에 교사가 아니라 기업가라면 빼앗긴 자유를 지킬 수 있을 거라고 어렴풋이 생각했다.

그래서 나는 할머니, 할아버지가 내 어머니와 함께 가꾸어 일군 정원에서 내가 대학 시절부터 떠맡아온 일을 더 크게 발전시키는 데 집중했다. 벌써 그 전부터 나는 가판대를 세우려고 아침 여섯 시에 시장에 서 있었다. 그리고 옆의 상인들에게 내 물건을 함께 팔아 달라는 부탁도 했다. 그리고는 세미나와 강의를 듣기 위해서 교육원으로 달려갔다가 오전의 휴식시간에 모든 게 잘 돌아가고 있는지 보기 위해 시장에 잠깐 들리고, 정오가 되면 다시 물건을 모두 자동차에 싣고 집으로 돌아오는 일을 반복했다.

## 동업

이 모든 것을 순조롭게 처리하는 것은 때때로 너무나 힘들었다. 하지만 한 편으로 나는 완전히 어렸을 때부터 휴식시간 없이 사는 데 익숙했었으며, 이 일이 너무나 재미있기도 했다. 나에게 지시를 내리는 사람은 아무도 없었다. 내 시장가판대의 성공은 전적으로 내가 그 일에 얼마나 열심이며 훈련을 잘 받았는지에 달려 있었다. 그리고 오후에 들어온 수입을 계산할 때면 마음속 깊이 만족감이 퍼졌다. 나는 대단한 기업가라도 된 것처럼 언젠가 시장가판대를 바탕으로 무엇인가를 세울 수 있어야 한다고 구상했다.

내가 파는 물건에는 어머니가 정성을 다해 가꾸신 정원의 꽃도 포함되어 있었다. 우리가 제공할 수 있는 꽃의 종류는 많지 않았지만, 어쨌든 양은 충분히 많아서 이 꽃들을 말려서 보존해도 좋겠다는 생각이 문득 들었다. 말리면 꽃이 더 이상 시들지 않았기 때문에 꽃을 팔 수 있는 기간이 길어졌다. 그리고 때가 돼도 꽃잎이 떨어지지 않아서 말린 꽃을 집에 장식할 수 있었기 때문에 우리 집을 찾는 손님들에게도 유익했다. 우리 생각은 잘 들어맞았다. 생화보다도 말린 꽃들이 더 잘 팔릴 정도였다. 이것은 고객이 원하는 것을 잘 아는 것이 중요하다는 인상을 받은 첫 번째 경험이었다. 이때부터 레온딩의 우리 집 지하실에는 천천히 말라가는 꽃다발들이 주렁주렁 걸렸다. 그리고 우리 시장 가판대는 채소장사에서 장식품을 파는 곳으로 서서히 바뀌었다.

가을에 우리 가판대 옆에서 수공예품을 팔던 아주머니와 작별 인사를 나누며 이듬해 봄에 다시 만나자고 했다. 그러자 그 아주머니는 “크리스마스 전 기간에는 왜 안 와? 장사 잘되던데.”라고 대꾸하셨다. 우리가 그곳에서 무엇을 팔 수 있겠냐고 아주머니에게 묻자, "말린 꽃은 크리스마스 때 분명 잘 팔리지는 않겠지만 너한테 뭐 좋은 생각이 떠오르겠지."하고 말씀하셨다.

나는 어머니와 함께 무엇을 팔 수 있을지 고민해 보았다. 소나무가지와 솔방울로 만든 꽃꽂이를 하면 어떨까를 구체적으로 생각해 보았다. 그래서 사람들이 일반적으로 살 수 있는 것보다 좀 더 깔끔하고 창의적으로 보이도록 이 장식품들에 수고를 들였다.

우리는 이미 만성절萬聖節(가톨릭 대축일)에 장식품들을 처음으로 시장에 내놨었는데, 사람들의 반응은 역시 대단했다. 그래서 우리는 항상 소나무의 뾰족한 바늘잎에 손을 찔려가면서 저녁을 보냈다. 그리고 크리스마스 이전의 주중에, 가판대에서 이 장식품들을 다시 팔아 보았다. 그 해 연말, 우리는 상처투성이의 손에 대한 대가로 엄청난 규모의 수익을 얻었다.

우리는 그 이듬해에 상품 목록을 점차 늘려갔다. 이전에 토마토와 버섯 상자들이 놓여 있던 가판대 위에는 여름에는 말린 꽃들이 가득 찼고, 겨울에는 소나무로 만든 장식품과 황마로 된 봉제인형 같은 장식품이 진열되었다. 우리는 꽃집 주인들과 가내 수공예를 하는 사람들에게 우리가 원하는 대로 제품을 완성해 줄 것을 의뢰하고 이것을 시장의 가판대에서 선보였다.

그런데 어느 날, 미국산 밴 자동차 한 대가 우연히 우리 코앞에 선 일이 있었다. 자동차는 우리 가판대 앞을 지나갔다. 짙은 회색의 대단히 큰 차였는데, 마치 마피아 영화에서 나올 법한 장면에서처럼 남자 두 명이 차에서 내렸다. 바로 나의 시장 가판대가 훗날 백만장자의 기업으로 거듭나기까지, 역정의 시작이 될 만한 순간이었다.

이 사람들의 대장은 매우 재미있는 사람으로 뢰머베르크의 피트니스 센터에 오는 모든 사람의 존경을 살 만한 근육질의 거인이었다. 그런데 그는 무척 어울리지 않게, 우리 가판대 바로 옆에서 장사를 하고 싶다며 작고 앙증맞은 것들을 내놓았다. 바로 돌을 붙여서 만든 인형들이었다. 그 역시 우리와 마찬가지로 자수성가형 기업가였다. 이런 공통점 덕택에 우리는 처음부터 쉽게 가까워질 수 있었다. 그는 나에게 자기는 주로 전시장으로 돌아다니고 도매업자들에게 물건을 보여준다는 이야기를 해 주었다. 그는 우리가 그곳에 가판대 하나를 얻어서 함께 나눠 쓰면 어떻겠냐고 내 의향을 물었다. 그 자신은 돌 인형을 팔고 나는 헝겊 인형을 팔면 된다는 것이었다. 나는 우리 가족의 전통대로 "안 될 게 뭐 있겠어요?"라고 대답했다.

이렇게 해서 몇 주 뒤에 황마인형 부대의 보디가드 같은 두 남자는 잘츠부르크의 전시장 홀에서 하나의 공동 부스를 빌리고 제품을 전시했다. 전시회 마지막에 우리는 주문 받은 일들을 수첩에 적으면서 기분이 최고조에 올라 린츠로 돌아갔다. 그리고 나중에도 함께 일하기로 결정했다. 우리는 이렇게 서로의 고객을 소개해 주고 함께 전시장으로 돌아다니곤 했다.

## 사업의 성장

사업은 천천히 조금씩 체계적으로 성장해 나갔다. 판매 품목이 증가하고 상품들을 더 많은 곳에서 팔게 되자 매상이 점점 더 올라갔다. 할머니, 할아버지가 한 달 동안 버셨던 돈을 단 하루 만에 버는 일도 종종 생겼다. 그래서 한번은 내가 "하루 매상을 오천 실링까지 올려놓고 말겠어."라고 큰소리를 쳤을 정도였다.

그런데 그 일이 실제로, 그것도 비교적 빨리 이루어졌다. 그때 나는 어머니의 우려를 살 정도로 돈 버는 데 여념이 없었다. 당시 어머니는 내가 혹시 돌아버린 게 아닐까 걱정하셨는데 나는 태연하게 "오천에 동그라미가 하나 더 붙는 일도 생길 걸요?"라고 대꾸했다. 그 덕에 어머니는 내가 완전히 미친 게 틀림없다고 생각했다고 한다. 하지만 일견 허황되게 들렸던 이 말도 결국 그대로 이루어졌다.

우리가 린츠 시장에서 우연히 마주친 지 삼 년이 지났을 쯤에 그 동료는 오스트레일리아로 이민을 가기로 결심했다. 당시에도 그의 회사는 여전히 그와 그의 부인, 또 그녀의 여자형제들이 힘을 합쳐 운영하고 있어 기업이라 부르기에는 모호한 감이 있었다. 여하튼 그는 자신의 회사를 나더러 사지 않겠느냐고 제안했다. 비록 그가 부른 판매가는 나에게 너무나 큰 액수였지만 그의 회사에 그만한 가치가 있다는 건 분명했다.

우리 회사 가판대엔 아직도 황마와 돌로 만든 인형이 늘어서 있어 그간 얼마나 발전했는지 잘 드러나지 않지만 그의 회사를 사들인 일은 결과적으로 엄청난 변화를 가져왔다. 이를 기반으로 드디어 도매업의 세계에 진출하게 되었으니 말이다. 그때부터 우리 고객은 더 이상 남역 시장에 장 보러 오는 린츠의 주부들이 아니라, 한 번에 대량으로 사가는 슈퍼마켓이 되었다.

이 일로 내 머릿속에서는 완전히 새로운 계획이 꽃피기 시작했다. 먼저 나는 '구매자들이 우리에게서 가장 사고 싶어 하는 것은 무엇일까?'하고 자문해 보았다. 내가 생각해낸 정답은 바로 고객의 마음에 주는 '평안'이었다.

글라이더 비행을 통해서 나의 본질에 다가갔다면, 사업가로서 자신을 발견한 것은 이때가 처음이었다. 사실 어렸을 적에 자립하는 것이 그토록 매력적으로 보였던 이유는 여러 지침과 규칙으로부터 자유를 얻을 수 있어 보였기 때문이었다.

하지만 실제로 사업을 하기 위해 애쓰면서 나는 자유는커녕 오히려 그 반대가 되었다. 고객에게 높은 품질과 완벽한 서비스를 보장하기 위해 스스로 생각할 수 있는 범위 안에서 가장 엄격한 규칙을 세웠기 때문이었다. 하루에 열두 시간에서 열세 시간 정도 일하는 것이 일상이 될 정도였다.

내가 이렇게까지 열광했던 것은, 어떤 물건으로 고객에게 행복을 가져다 줄 것인지 스스로 결정할 수 있다는 점에 있었다. 나의 일은 창조적인 작업을 통해 내 물건을 사는 사람들을 만족시키는 것이었으니 말이다. 다시 말해서 고객의 취향을 정확히 잡아내서 원하는 것을 채워주어야 한다. 우선 나는 정확한 품목을 찾기 위해서 고객과 같은 마음이 되려고 애쓴다. 물건을 받아 든 고객의 눈이 반짝거리면, 내가 일을 제대로 했다는 뜻이다. 품목을 고를 때의 기준은 내 마음에 드느냐 안 드느냐가 아니라 나에게서 무언가를 사고자 하는 고객의 욕구를 충족시킬 수 있느냐이다.

사실상 필요한 모든 것이 이미 존재하고 있기 때문에 더 많은 돈을 벌려면 어떤 물건을 만들어야 할지 곰곰이 생각해서 고객들의 욕구가 제품에 맞춰지도록 유도해야 한다. 하지만 유감스럽게도 오늘날 소비 산업은 이와는 정반대의 원칙에 따라 움직이는 경우가 흔하다. 기업들은 고객들이 원하는 것이 무엇인지는 생각지도 않고 마구잡이로 물건을 생산해낸다. 가령 텔레비전과 커다란 광고판, 라디오, 신문, 그리고 인터넷에서 우리가 접하는 광고들은 이런 곳으로 여행을 떠나고, 저런 자동차를 타고, 또 이런 생필품을 소비해야만 행복하고, 성공적이며, 균형 잡힌 삶을 사는 거라고 믿게 한다.

하지만 이 모든 것들은 새로운 물건들이 시장에 나올 때마다 소비자들을 현혹시키기 위해 펼쳐지는 계략일 뿐이다. 그렇지만 이미 포화수준이 높은 상태라 고객들의 욕구를 인위적으로 발생시키려면 매번 큰 비용이 소요된다.

실제로는 이와 정반대인 경우가 많다. 비유하자면 소비를 통해서 외부로부터 행복을 찾으려 하는 사람들은 마치 깨끗하지 못한 피부 때문에 고생하면서 이를 비싼 화장품으로 덮으려 하는 사람과 같다. 일시적으로는 피부가 좋아 보이겠지만 대부분 더 심각하게 나빠지며 결과적으로 화장을 지웠을 때의 모습은 더욱 비참해진다.

나는 그와는 반대로, 사람들로 하여금 내면으로부터 화사하게 빛을 낼 수 있게 하는 상품들을 생각할 때만 행복감을 느낀다. 또한 이렇게 구상할 때의 느낌 역시 잘 맞아떨어져서 장사하는 데 매우 유리한 고지를 점할 수 있었다. 이와 같이 어떤 물건이 필요한지 자세히 설명하지 않아도 원하는 것을 척척 알아맞히는 능력은 장사꾼으로서 큰 행운에 속했다.

하지만 솔직히 말해서 내 머리가 끊임없이 쏟아내는 생각들을 정리 정돈 해줄 사람들이 없었더라면, "카를 라베더 수공예"라고 이름 붙인 내 회사가 이처럼 큰 성공을 거두지는 못했을 것이다. 회사가 빠르게 성장할 수 있었던 것은 무엇보다 회계 일을 맡아준 어머니와 훗날 내 아내가 된 이레네의 공이 컸다.

이레네와 나는 '올디스Oldies'라는 댄스홀에서 처음 만났다. 댄스홀이라고 했지만 사실 그곳은 어두침침한 조명과 디스코에서는 절대 빠져서는 안 되는 사이키 조명등이 천장에 매달려 있는 지하실에 불과했다. 나는 당시에도 여전히 보디빌딩을 했는데 관절이 제멋대로 움직여서 역기를 드는 일도 여의치 않았다. 그래서 트레이닝 대신 춤을 추러 다녔다. 주말마다 집에서 7킬로미터나 떨어진 트라운Traun의 '올디스'에 같이 갔던 사람들이 린츠 출신의 보디빌딩 동료들처럼 창의적이었다면, '다리 카를'에서 '춤 다리 카를'로 별명이 바뀌었을지도 모르겠다. 그만큼 나는 로큰롤에 맞춰 여자들을 여기저기로 휘몰고 다녔다.

그러던 어느 날 저녁, 이레네가 내 시선에 들어왔다. 처음에 눈길이 갔던 이유는 그녀가 대학교 동료들 틈에 앉아서 계속해서 코를 풀어댔기 때문이었다. 나와 같이 간 친구들은 이것을 보고는 춤 권하는 시간에 그녀를 거들떠보지도 않은 채 지나갔다. 하지만 나는 그런 그녀가 귀엽게 느껴져서 다가가 말을 걸었다. 그날 우리는 함께 춤을 추었고 나는 그녀가 막 대학교에서 교직을 마쳤다는 사실을 알게 되었다. 그 후 몇 주에 걸쳐서 한두 번씩 만났고 아주 서서히, 그리고 당연하다는 듯이 연인 사이로 발전했다.

이레네의 꿈은 원래 물리치료사가 되는 것이었다. 하지만 막상 학업을 마치고 나서는 선생님이나 물리치료사가 되는 대신 우리 회사에 들어왔다. 그리고 사무조직에서부터 새로운 상품을 디자인하는 일까지 종횡무진하면서 업무를 봐주었다.

그 덕에 "카를 라베더 수공예"는 빠른 속도로 발전해 나갔다. 우리는 시장의 주류보다 훨씬 더 뛰어나고 창의적인 디자인과 신용을 발판으로 점점 더 많은 의뢰를 받았다. 나는 협상을 하는 자리에서 더욱 자신감 있는 태도로 임함으로써 사업 동반자들로부터 큰 신용을 얻었다. 약속한 품질 그대로 제공한다는 원칙 하나만은 무슨 일이 있어도 지켰기 때문이었다. 이는 처음 사업을 시작한 순간부터 굳게 지켜왔던 최고의 원칙이다. 우리 회사에서 얼렁뚱땅 이란 있을 수 없으며 생산되는 모든 제품은 항상 최대한의 요구를 만족시켜야만 했다. 나는 스스로도 이 계명을 지켰고 또한 함께 일하는 다른 모든 이들에게도 이를 지켜 줄 것을 요구했다.

우리가 받은 첫 번째 큰 주문은 새해로 바뀔 때에 사람들이 사는 행운의 마스코트였다. 우리는 이 제품을 오스트리아 전역에 체인점을 둔 '콘줌Konsum'이라는 슈퍼마켓에 조달했다. 이 슈퍼마켓의 구매 책임자가 한 전시장에서 우리 제품을 보고 자기네 가게에 내놓으면 반응이 어떨지 시험해 보고 싶어 한 덕분이었다. 그때까지 콘줌에서는 마지팬Marzipan(아몬드와 설탕, 달걀로 된 반죽—역주)으로 만든 작은 돼지만 팔아왔었다. 그래서 우리는 기존 제품과는 달리 돌을 붙이고, 색칠해서 만든 굴뚝 청소부, 독버섯, 작은 돼지, 그리고 네 잎 클로버 등 다양한 장식품을 선보였다.

그런데 막상 주문량을 확인하자 약간 의구심이 생겼다. 그 슈퍼마켓은 약 40군데에 체인점을 갖고 있었는데, 모든 매장에 우리 행운의 부적을 갖다 놓기에는 주문량이 솔직히 너무 적었던 것이다. 반대로 한 군데에만 갖다놓기에는 너무 많은 양이었다. 그는 이 제품들을 위탁판매하지 않고 협상한 가격대로 직접 나에게 받아갔다.

그는 만족스럽게도 제품이 거의 다 팔렸다고 했다. 나는 슈퍼마켓의 구매 책임자에게서 결과보고를 들으면서 어떻게 판매했는지를 물었다.

"오랫동안 생각해 봤는데요, 저희 물건들을 얼마나 많은 지점에 뿌리셨습니까?"

"물론 전 매장에서죠."

"설마 진짜 그러지는 않으셨겠죠?"

나는 의아해했다.

"몇 실링도 되지 않는 그 작은 상자 하나씩을 슈퍼마켓 체인에 모두 다 보냈다고요? 하지만 더 많이 팔 수 있었을 텐데요."

"당신이 그것을 어떻게 압니까?"

"시장 가판대였기는 하지만 그 제품들을 밖에서 직접 팔아 봤으니까요. 슈퍼마켓에서라면 분명 더 잘 팔릴 텐데요."

"당신이 그렇게 믿는다면, 직접 구상해 보시지요."

"그럼 제가 한 가지 제안을 해도 되겠습니까?"

그는 고개를 끄덕였다.

그다음 해에 나는 실제로 그에게 슈퍼마켓을 어떻게 장식할 것인지 구상안을 건네면서 팔지 못한 물건들은 전량 회수하겠노라 제안했다. 다행히도 우리 제품의 반응이 무척 좋아서 전년도 대비 열 배에 해당하는 물량을 팔 수 있었다. 거의 모든 제품이 판매된 셈이었다.

나는 품목과 수량, 그리고 판매가를 정하기까지의 일을 상당히 즐기며 했다. 이렇게 함으로써 내가 부담해야 할 위험성이 높아지기는 했지만 대신 전체 부가가치는 완벽하게 통제할 수 있었다.

나는 그 후로 다른 도매상들에게도 똑같은 제안을 하면서 사업을 펼쳐나갔다.

“여러분께 한 가지 제안을 하겠습니다. 그리고 위험은 제가 다 부담하겠습니다. 여러분은 단지 ‘예’라는 대답만 주시면 됩니다.”

실제로 대부분의 도매상인들은 나의 이런 제안을 기꺼이 받아들였다. 이 방법에 따르면 본인이 실수를 저지르더라도 잘 대처할 수 있기 때문이었다. 그리고 나는 나대로 원하는 것을 가질 수 있었다. 그것은 다름 아닌 진정한 자유였다.

나라는 사람이 이 지구에서 얼마나 작은 먼지와 같은 존재인지 깨닫고 나서는, 무엇보다도 남반구 사람들의 희생 덕에 북반구에 있는 사람이 잘 살고 있다는 진실을 알게 된 후로는 생각이 바뀌었다. 모든 것이 풍족하고 만족스러운 세계에 속해 잘 살아가면서, 이런 세상으로부터 이익까지 얻고 있다는 사실은 조용한 순간에 나를 몹시 괴롭혔다.

Chapter 06

# 백만장자

회사의 발전 속도는 내 기대 이상으로 빨랐다. 처음 몇 해 동안 우리는 사업계획서를 작성할 때마다 사업 방향을 정하기 위해 목표를 잡으려고 애썼다. 하지만 연말에 나오는 숫자가 매번 계획서에 적혀 있던 수치를 훌쩍 넘어버렸기 때문에 목표 세우는 일은 그만두었다. 그럼에도 나는 학창시절에 공부한 경영학을 토대로 실제 업무에 이론적인 지식을 적용시키는 것도 나쁘지는 않겠다고 생각했다.

그러나 이내 단순히 사업에 대해 공부하려고 이런 일을 하는 것이, 잘 맞지도 않는 사업계획서를 짜는 일만큼이나 무의미하다는 것을 알게 되었다. 경영학 이론을 보면, 첫 단계에서는 이렇다 할 만한 수익을 올리지 못하겠지만 회사가 계속 돌아가게 하려면 계속 많은 일을 해야 한다고 가르친다.

나는 강의 시간에 교수에게 이렇게 설명했다.

"저의 경우는 이론과는 완전히 다르게 돌아갑니다. 저희는 작지만 매우 효율적으로 운영되는 회사입니다. 그리고 처음부터 상당한 이익을 거두었습니다." 그러면서 나는 교수에게 혹시 이전에 실무적인 경험을 쌓을 수 있는 회사에서 일한 적이 있었는지, 만약 그렇다면 그 회사가 어떻게 돌아갔는지를 물었다.

"아니오." 교수는 약간 얼굴이 붉어지면서 대답했다. 그는 아직 회사에서 일해본 적이 한 번도 없지만, 그런 경험이 꼭 필요한 것은 아니라고 했다. 나는 '어떻게 사업을 한 번도 해 보지 않으신 분이 경제를 가르칠 수 있습니까?'라고 반박하고 싶었지만 그쯤에서 끝냈다. 하지만 이미 내 눈에 그 교수는 가족과 성性에 대해 자신의 경험을 들려주는 천주교 신부처럼 보였다. 그래서 나는 린츠에서는 그 교수가 계속해서 방해받지 않고 강의할 수 있도록 내버려두고 대신 레온딩에서는 그 이론이 틀렸다는 것을 증명하기 위해 만전을 기했다.

## 성공의 나날들

당시 레온딩에 있는 우리의 작은 집에는 성공이 문자 그대로 천장

꼭대기까지 쌓여 있었다. 시간이 지날수록 물건이 든 상자들이 집 안의 모든 방을 꽉꽉 채워갔다. 단지 침실만큼은 남겨 두었다. 일이 삶의 대부분이 되어버렸지만 잠자는 곳까지 침범당해서는 안 된다고 생각했기 때문이었다. 비록 할아버지는 돌아가셨지만 예전에 해 주셨던 그분의 말씀은 여전히 내게 영향을 주었다. 하지만 내 멋대로 해석해서 할아버지가 원하셨던 대로 낮 시간을 그냥 흘러가게 놔두기보다는 낮에는 열심히 일하고 대신 밤에는 잠을 잤다.

나는 할아버지의 말씀을 조금 다르게 해석했다. 나는 회사를 설립했을 때부터 한 해를 반으로 나눠서 반년은 할머니가 이전에 보여주신 것처럼 열심히 일하고, 남은 반년은 자유 시간을 만끽했다. 다시 말해 우리가 공을 들이는 시간은 일 년 중 절반에 불과했다.

크리스마스 이전에 사람들이 솔가지로 만든 화관으로 식탁을 장식하고, 촛불을 붙이며, 집 안을 아늑하게 만들 때가 우리에게는 성수기였다. 상품 목록의 대부분은 이때를 위해 준비된 제품들이었고 부분적으로 내 취향과는 동떨어진 서양란 모양이나 향토적 주제가 담긴 양초가 있었다.

슈퍼마켓 사업은 우리에게 성공을 위한 열쇠가 되었다. 다음 해부터는 슈퍼마켓의 계산대 바로 앞에 회사의 이름이 적힌 진열장을 세울 수 있었다. 우리는 이런 방법으로 손님들의 취향에 맞을 거라고 예상한 물건들을 선보일 수 있었다. 그렇게 린츠의 남역 시장을 수놓던 정취가 조그마한 조각에 담겨 오스트리아 전역으로 하나하나 퍼져나갔다. 워낙 반응이 좋았던지라 해마다 크리스마스나 섣달그믐 밤이 오면 우리는 바빠서 파티도 열지 못할 정도였다. 일이 너무 많아서 지쳐버리기 일쑤였기 때문이다.

크리스마스 이전 몇 달 동안은 정말 뼈가 으스러질 정도로 일을 했다. 간혹 열 시간밖에 일하지 않은 날에는 정말 빨리 퇴근한다고 생각할 정도였다. 보통은 열네 시간에서 열여덟 시간 정도 일했다. "일하는 동안에는 온 힘을 다해서 확실히 하자." 이것이 내 지침이었다. 그 대신 거의 일이 없는 봄과 여름에는 편안히 즐길 수 있었다. 이렇게 된 배경에는 물론 내 이기적인 의도가 숨어 있었다. 바로 글라이더 비행을 위한 시간을 벌기 위해서였다.

1분이라도 시간이 생기면 나는 슈탄다드 얀타르Standard Jantar 글라이더를 타고 날아올랐다. 그리고 비행을 하면서 안정감과 직감 훈련을 했다. 내가 산 슈탄다드 얀타르는 사실 그리 타기 편한 비행기는 아니었다. 이 비행기를 타는 조종사에게는 한 치의 실수도 용납되지 않으며, 완전히 비행에만 집중해야 했다. 특히 하늘을 정확히 관찰하면서 이 비행기가 안전하게 하늘을 날 수 있도록 보이지 않는 힘에 온 신경을 집중시켜야 했다. 글라이더의 속도가 너무 느리면 가장 작은 상승

온난기류를 만나도 한쪽으로 엎어져 빙글빙글 회전할 위험이 있었다.

하지만 비행기를 다룰 줄 아는 조종사들에게는 바람과 일체가 되는 느낌을 받을 수 있어 인기 있는 기종이기도 했다. 본래 비행기를 타면서 자신이 새라고 상상하는 사람은 그 본성을 버리지 못하는 법이다. 그들은 이런 본성을 기쁜 마음으로 비행에 활용하며, 비행기를 인생의 동반자라고 생각할 정도가 된다. 이런 이들에게 얀타르는 비행 목적에 가장 적합한 훌륭한 비행기다. 그뿐만 아니라 타 기종에 비해 비교적 저렴하기까지 하다. 이 점은 내가 스물둘의 나이에 비행기를 장만하면서 고려했던 중요한 사항 중 하나였다.

당시 나는 하늘에서 무언가 결정을 내려야 하는 순간, 원칙적으로 어떤 것이 가장 안전을 보장하는지를 우선 따졌다. 바꿔 말하자면, 가장 위험부담이 큰 순서대로 제하는 원칙에 따랐다. 곤란한 상황에서 나는 스스로에게 이렇게 자문했다. "이 비행기를 샀을 때 일어날 수 있는 일 중에서 최악은 무엇일까?" 예를 들어, 발생할 수 있는 최악의 일이 비행장이 아닌 풀밭 같은 곳에 장외 착륙을 해야 하는 것처럼 단지 약간 불편한 정도라면 안전한 결정이라 할 수 있었다.

반면에 건강이나 생명을 잃을 수 있는 위험이라면 깨끗이 포기하고 다른 대응책을 찾았다. 비행하면서 점점 더 자신감이 붙어 다른 비행기 뒤를 따라 비행하는 일이 적어질수록 어떤 결정을 할 것인지 명확해졌다. 수평선에서 볼 수 있는 뭉게구름 아래에 실제로 상승기류가 존재할까? 지금 내가 향하는 저 산등성이 뒤의 상황은 어떨까? 현재 날아가고 있는 높이로 얼마나 더 멀리 비행할 수 있을까? 나는 이런 순간들을 가정해서 발생할 수 있는 결과를 충분히 고려하고 그중 가장 나쁜 상황에 처하더라도 건강이나 생명이 위험하지는 않은지 고려한 후에 결정한 것을 실행에 옮겼다.

이 원칙에 따르다 보면 때때로 다른 조종사들을 추월해서 가야만 할 때가 있었다. 하지만 대부분의 경우 나는 아무런 문제없이 능숙하게 그들 옆을 지나갔다. 사실 글라이더 비행을 할 때는 대부분은 이 위험성을 줄이는 원칙을 철석같이 따른다. 자신의 생명을 걸고 도박을 하고 싶지는 않을 테니까 말이다. 하지만 일상생활로 돌아오면 이야기가 달라진다. 많은 이들이 최상의 결과를 낼 가능성만 믿고 승부를 걸거나 결정을 한다. 그리고는 막상 예상했던 결과의 절반 정도밖에 나오지 않으면 어리둥절해한다. 하지만 나는 지상에서도 가장 나쁜 결과를 우선 예상하고 실제로 그렇게 되더라도 그대로 받아들인다는 원칙을 고수한다.

여하튼 이런 경험을 거쳐서 점점 자신감이 붙자, 곧 글라이더를 타고 다른 지역으로 날아가 보고 싶어졌다.

당시 나는 린츠 공항 주변 지역을 구석구석까지 꿰뚫고 있어서 더는 탐험할 곳이 없었다. 나에겐 산지가 필요했다. 평지 위의 상공을 나는 것보다 더 지루한 일도 없었기 때문이었다. 그럴 때면 나는 풀서스펜션Full Suspension이 장착된 기어 18단의 마운틴바이크를 타면서도 보도블록 턱이나 길 가장자리의 나무뿌리를 건너뛰는 것이 모험이라 자위했고 대도시 공원을 가로지르는 평평한 아스팔트 길을 달리는 듯한 기분을 느꼈다.

더군다나 나는 오스트리아나 프랑스 혹은 남미 등 어디에서 타든지 간에 산악지역을 날아서 넘는 것을 가장 선호했다. 이런 취향은 내 삶에 커다란 변화를 가져왔다. 산으로 둘러싸인 티롤에 새로 지어진 고급빌라로 이사 가기로 한 것이다. 이 꿈을 이루려면 우선 백만장자가 되어야 했는데 그 시절에는 오늘날 사용하는 유로가 아닌 실링이 통용되었기에 목표를 더 빨리 이룰 수 있었다. 그리고 계속해서 유로로도 백만장자가 되기 위해서는 백만 실링을 벌고 나서도 이백만 실링, 삼백만 실링 이렇게 점점 더 많은 돈을 벌어야 했다.

품질에 대한 나의 편집증에 가까운 집착이 우리 사업에 큰 장점으로 작용한 것은 분명했다. 해가 갈수록 이것을 뚜렷하게 느낄 수 있었다. 만약 품질 수준을 약간 낮추었더라면, 좀 더 많은 이익을 챙길 수도 있었을 것이다. 하지만 우리 회사는 항상 변함없이 최고 수준의 품질을 공급했다. '가능한 한 저가를 선호한다.' 같은 좌우명을 사업 목표로 삼는 일은 절대 없었다.

이러한 자세가 있었기에 나는 모든 고객이 우리한테서 기대한 것을 받을 수 있을 거라고 늘 확신했다. 그들에게 최고의 품질을 약속했다면, 나는 그들에게 최고의 물건을 전달해야 한다. 끝에 가격 면에서 잘 맞지 않는다 해도 그것은 내 문제이고, 단순히 이익이 줄어든 것뿐이다. 만약 처음부터 가격을 높이 책정한다면 나와 사업을 하려는 동반자 역시 그 돈을 지불할 준비가 되어 있어야 한다.

나는 항상 이런 식으로 우리와 거래했던 슈퍼마켓의 구매 책임자들에게 내 의사를 전달했다. "진짜 싸구려를 원하신다면 그렇게 하십시오. 하지만 우리 회사는 그런 물건을 드리지는 못합니다. 굳이 원하신다면, 다른 곳에서 구하실 수는 있을 겁니다. 하지만 모든 것이 정확하게 진행되는 완벽한 풀 서비스를 원하신다면, 그에 상응하는 비용을 지불하셔야 합니다. 물론 가격 면에서는 다른 회사보다 더 많이 들겠지만 여러분의 고객은 만족할 거라 확신합니다." 이렇게 제안하면 흥미롭게도 대부분은 "그렇게 합시다."라고 흔쾌히 수락한다.

나의 이런 태도는 밖에서는 존경받고 신뢰를 이끌어낸 반면, 회사 내에서는 동료들과 부분적으로 마찰을 빚는 원인이 되었다. 나는 그들 역시 나처럼 품질에 대한 높은 의식을 갖도록 요구했다. 하지만 이런 태도가 때때로 그들에게는 두려움으로 다가오곤 했다. 가령 어떤 직원이 고객의 기대를 충족시키기 위해 최선을 다하지 않았다고 생각되면 고용주인 나와의 관계가 껄끄러워지기 때문이었다. 이렇듯 내 엄격한 태도 탓에 "저 사람은 우리랑은 다른 세계에 사는 것 같아."라고 생각하는 동료들이 많았다. 사실 그들이 말한 그대로였다.

## 내면의 소리

나는 누군가 내가 원하는 것을 무시하거나 최선을 다하지 않아 우리 가족이 맨손으로 일으켜 세운 회사를 위태롭게 하는 것을 용납할 수 없었다. 그래서 종종 신경질적으로 화를 냈다. 직원이 일을 잘못하면 나를 무시하고 공격한 듯한 기분이 들어 마음이 언짢아졌다. 그럴 때면 나는 그 사람이 잘못한 일만 비난하는 것이 아니라, 그 사람 자체를 책망했다. 일을 소홀히 할 바엔 차라리 나에게 와서 "라베더 씨, 남편이 아파서 오늘은 집중을 잘 못하겠습니다. 집에 가는 편이 차라리 나을 것 같아요."라고 이야기해 주는 것이 훨씬 더 낫다고 생각했다.

솔직히 고백하건대 이런 상황에서 필요 이상으로 과장해서 화를 내는 일도 잦았다. 게다가 나는 한 번 화가 났다 하면 한동안은 노발대발했지만 화가 풀리고 나면 몹시 마음 아파했다. 이런 일들은 그 화를 받아 내는 당사자뿐 아니라, 나에게도 숨이 막힐 것 같은 공허함을 남겼다. 그렇다고 어떤 문제에 대해 신경질적으로 반응하고, 내 의지를 곧이곧대로 강하게 밀고 나가려 할 때 이런 태도가 잘못된 것이라는 내면의 목소리조차 듣지 못했던 것은 아니다. 이 목소리를 들을 때마다 나는 양심의 가책을 느끼고 내가 한 짓에 대해 후회하는 마음이 들었다. 하지만 이런 양심의 소리로 인해 다른 사람과의 관계가 지속적으로 악화되는 것을 막지는 못했다.

당시 나는 내가 하는 일이 무언가 잘못되었다는 것을 어렴풋하게나마 느끼고 있었다. 회사는 경제적인 면으로만 보면 최고로 성공한 축에 들었지만 정작 내가 하는 행동이 삶에서 도대체 무슨 의미가 있는지 의심스러웠다. 밖의 날씨가 추워지면 사람들이 집 안에 촛불을 켜고, 거실을 장식품으로 예쁘게 꾸미거나 혹은 작은 돌로 된 인형 앞에서 성공적인 한 해를 비는 것은 물론 아름답고 좋은 일이다.

하지만 촛불에 불을 붙이고 난 뒤에 텔레비전 앞에 멀뚱히 앉아 있는 사람들은 그들이 사는 세상을 책임질 준비라고는 하나도 되어있지 않으며 양초를 파는 사람 역시 그들과 마찬가지로 특별한 책임 의식을 느끼지 않는다. 다른 대륙에서는 사람들이 비참한 가난 속에서 허덕이고 매일 수천 명의 아이가 죽어가고 있는데도 말이다. 이러한 일이 계속해서 일어나는 한, 나는 삶에 대해서 어떤 깊은 의미도 찾지 못할 것이었다.

나 역시 집에서 틀어박혀 있기를 좋아했고 특히 큰 성공을 거둔 해에는 매일 저녁 텔레비전 앞에 앉아 편히 쉬는 일 말고는 아무것도 하고 싶지 않았던 사람이었다. 하지만 나라는 사람이 이 지구에서 얼마나 작은 먼지와 같은 존재인지 깨닫고 나서는, 무엇보다도 남반구 사람들의 희생 덕에 북반구에 있는 사람이 잘 살고 있다는 진실을 알게 된 후로는 생각이 바뀌었다. 모든 것이 풍족하고 만족스러운 세계에 속해 잘 살아가면서, 이런 세상으로부터 이익까지 얻고 있다는 사실은 조용한 순간에 나를 몹시 괴롭혔다.

다른 사람들이 꿈에 그리는 많은 희망 사항을 나는 실현할 수 있으니까 삶에 대해 불평해서는 안 된다고 생각했다. 하지만 그런 기본적인 생각조차 항상 조용한 순간에만 떠올랐다가 늦어도 다음 날 아침에 책상에 앉으면 대부분은 다시 사라져 버렸다. 이것은 마치 '빵과 서커스'라는 방침에 따라 옛날 로마 사람들이 사용했던 방식과 유사했다. "민중들을 바쁘게 움직이도록 하고 이들에게 빵과 서커스를 선물해라. 그러면 그들은 다른 생각을 하지 못한다."라고 하면서 로마는 세계를 다스렸던 것이다. 나 역시 이들과 마찬가지로 지금까지 빵과 서커스를 스스로에게 제공하면서 겉으로 드러나는 행복한 삶을 살도록 하는 임무를 순순히 수행했다.

“수입이 확실한 직업을 찾으면 불행해질 이유가 하나도 없어. 충실히 소비하고, 매년 연중 휴가를 꼬박꼬박 챙기고, 크게 만세를 불러봐. 그러다가 언젠가 때가 되면 은퇴하면 돼.” 이처럼 우리의 삶은 이미 끝까지 정해져 있다. 남자든 여자든 여기서 벗어나 다르게 사는 것은 허락되지 않는다.

“내 판단이 틀렸다고는 볼 수 없을까? 어쩌면 내가 단순히 주제넘게 행동하고 있는지도 몰라. 이미 많은 것을 가졌지만 그저 더 많은 것을 원하는지도 몰라. 어쩌면 다른 한 편에서는 벌써 이루어 놓은 것 뒤에 더 좋은 것이 있을 수도 있지.”

나는 내가 바라던 것을 더 많이 얻게 되면 더할 나위 없이 행복해진다고 굳게 믿었다. 때문에 이러한 의심에 대한 나의 반응은 기껏해야 자기회의에 불과했다.

당시의 나는 더 많이 가진다고 행복해지는 게 아님을, 오히려 더 적게 가져야 한다는 사실을 미처 이해하지 못했다. 그런 관점을 갖기엔 너무나 동떨어진 삶을 살고 있었던 탓이었다. 나는 그 대신 나에게 주어진 모든 가능성을 불태워버리기 위해 더욱 열심히 일했다. 하지만 특별히 부자가 되는 것이 목적은 아니었다. 노력의 대가로 바라던 것은 돈 자체가 아니었다. 그것은 단지 목적을 위한 수단에 지나지 않았다. 그보다 더 중요한 가치는 개인의 자유였다. 하지만 “돈이 많으면 자유로워진다."라고 약속하던 이 사회의 체계는 결국 나를 배신했다. 덕분에 이젠 이런 약속이 모두 거짓임을 알고 있다.

## 죽을 뻔한 사건

물론 경제적으로 고생하지 않아도 되는 삶은 물론 대단히 매력적이다. 나는 글라이더를 타고 비행하는 것 외에도 이레네와 함께 휴가를 보내기도 했다. 우리는 고급 레스토랑에 가서 식사하고, 원하는 모든 것을 충족했을 때의 기분을 즐겼다. 스스로 일을 해서 이런 위치에 오를 수 있었다는 사실은 휴가를 즐기면서 더욱 큰 만족감을 느끼게 해주었다.

그런데 스물아홉 살이 되었을 때 이런 삶이 간발의 차로 모두 사라질 뻔한 적이 있었다. 당시 나는 내 얀타르를 타고 출전한 오스트리아에서 열린 선수권대회에 처음으로 출전했는데, 그 대회에서 추락 사고를 겪는 바람에 하마터면 살아남지 못할 뻔했다. 그동안 얀타르를 타고 천 시간도 더 넘게 하늘을 날아왔기에 나는 비행기에 대해서 완전히 파악하고 있다고 믿고 있었다. 게다가 약간의 개량을 거친 후라 같은 기종의 다른 비행기들처럼 그렇게 위험한 상황에 처하리라고는 생각조차 하지 못했다.

첫 번째인가 두 번째 평가 비행 때였다. 상대적으로 낮게 비행하면서 아드몬트Admont 지역의 상공을 지나고 있었다. 그러다가 나는 그늘에 가려 있던 산의 북쪽에서 예상치 못한 상승기류를 만났다. 나는 원을 그리면서 천천히 위로 올라갔는데, 갑자기 비행기가 빙글빙글 돌며 추락하기 시작했다. 비행기는 한쪽으로 기울어져서 자신을 축으로 해서 스핀spin하기 시작했다. 일순간 비행기는 제어 불능 상태가 되었고 제멋대로 땅으로 곤두박질쳤다. 죽음을 두려워할 만한 시간도 없었다. 나는 어떻게든 다시 비행기를 제어할 수 있도록 비행기가 어떻게 반응하는지를 느끼려고 온 신경을 집중시켰다.

나는 고공비행훈련 때 배운 기억을 되뇌어서 무엇을 해야 할지 파악했다. 그리고 즉시 스핀에서 벗어나기 위해 표준 전략으로 조종했다. 하지만 아무런 도움이 되지 않았다. 방향키 압력이 없었던 것이다. 결국 나는 순식간에 고도를 잃으면서 숲의 공터로 하강했다. 기류가 다시 날개에 와 닿아 비행기가 회전하는 것을 멈출 때까지 마치 시간이 영원히 흘러간 것처럼 느껴졌다. 비행기는 회전 때문에 고도가 많이 떨어진 상태에서 거의 시속 180킬로미터까지 가속도가 붙은 채로 숲의 공터를 향해서 수직으로 추락하고 있었다. 나는 과감하게 조종간을 잡아당겼다. 그러자 비행기가 숲 위의 약 10미터 정도 되는 상공에서 다행히 다시 수평을 찾았다.

만약에 그곳에 있던 나무들을 얼마 전에 자르지 않았거나 비행기가 회전하는 도중에 몇 미터 더 아래로 떨어졌더라면, 나 역시 이 기종을 타다가 사망한 많은 사람 중 한 명이 되었을 것이다. 우리 동호회만 해도 회원 두 명이 죽었으며 다른 동호회에서도 죽은 사람이 여러 명이나 된다. 이들 역시 내가 겪었던 일과 똑같은 불상사가 발생해 사망했다.

모든 것이 지나가자 내 무릎은 사시나무 떨리듯 떨리기 시작했다. 나는 마침내 다시 상승기류를 타게 되었지만 마음이 그럭저럭 다시 안정될 때까지는 족히 5분은 걸렸다. 거의 추락에 가까운 일이 발생한 것은 기류가 항상 이동하고 때로는 심하게 격해지기 때문이었다. 만약 소용돌이 기류가 양쪽 날개에 와 닿으면 그것은 큰 문제가 되지 않는다. 하지만 그런 기류가 다른 쪽과 차이가 나게 한 쪽 날개에만 생길 만큼 좁은 곳에서 일어나면, 한쪽에만 기류가 없어지고 비행기는 회전하기 시작한다. 그런 일이 일어날 수 있다는 것을 짐작하고 그 전에 시속 10킬로미터를 더 빨리 날 수만 있다면, 아무 일도 발생하지 않았을 거다.

하지만 이런 것을 미리 파악하기란 거의 불가능하다. 만약 한쪽에 기류가 없어지더라도 다른 종류의 비행기들은 대부분 이처럼 끔찍한 결과를 가져오지 않는다. 다른 비행기였다면 그 지역 위를 부드럽게 지나가고 조종사는 즉시 방향타 압력을 다시 얻게 되었을 것이다. 하지만 스탠더드 얀타르는 이런 상황을 잘 견디지 못했다.

이 비행에서 살아남은 후로 나는 대회에서 매우 조심스러운 비행을 펼쳤다. 그리고 대회가 지나고 난 뒤에 나는 얼른 비행기를 팔려고 내놓았다. 운 좋게도 슈타이어마르크Steiermark 지역의 한 동호회에서 관심을 보였다. 나는 이들이 비행기를 점검할 때에 솔직히 말했다. "지금 무엇을 사려고 하는지 알고는 계시겠죠? 내가 이 비행기를 그토록 저렴하게 팔려는 이유도 그것 때문이에요." 하지만 이들은 단지, "예, 알고 말고요. 그래도 상관없어요. 어차피 우리 동호회에는 상태가 완전히 심각한 비행기들도 몇 대 있어요. 얀타르라면 그것들이랑 잘 어울릴 것 같군요."라고 대꾸했다. 내가 아는 한, 그 비행기는 지금도 여전히 슈타이어마르크의 상공을 날고 있다.

나는 그 비행기를 판 후에 즉시 새로운 비행기 한 대를 구입했다. 내가 첫 비행기를 샀을 당시에는 "좋은 물건은 무조건 비싸다. 그리고 비싼 것을 살 형편은 아직 안 된다."라는 원칙을 염두에 두고 골라야만 했다. 그런데 그 사이 7년이라는 시간이 지난 지금에는 경제적 능력이 본질적으로 바뀌어서 이 원칙에 대한 생각도 달라졌다. 즉 앞서 말한 원칙은 언뜻 논리적으로 보이지만 항상 옳은 것은 아니라는 게 내 결론이었다. 내가 어떤 상품의 품질을 볼 때는 단순히 그 가격과 연관 지어서 평가한다. 즉, "비싼 것은 자동적으로 더 좋은 것이다!"가 이제 내 원리가 되었다.

그래서 나의 두 번째 글라이더 비행기로 '벤투스 CMVentus CM'을 선택했다. 이는 소위 단독 출발이 가능한 글라이더 비행기이다. 이 비행기에는 출발할 때 펼쳐서 열 수 있는 엔진이 장착되어 있다. 예를 들어서 조종사가 1,000미터 상공으로 올랐을 때 엔진 뚜껑을 닫으면 이 비행기는 글라이더와 다를 바 없었다. 이런 기능 덕분에 완전히 독립적으로 비행할 수 있는 장점을 지닌 매우 편리한 변형 글라이더라고 할 수 있다.

다른 사람의 도움 없이 글라이더를 출발시킬 수 있고, 만약 갑자기 상승기류를 찾지 못할 경우에는 엔진을 다시 켜서 부가적으로 고도를 높일 수도 있다. 그래서 이 기종으로 비행하면 풀밭 같은 곳에 비상 착륙할 필요가 전혀 없었다. 어떤 글라이더 비행사들은 엔진이 달린 글라이더를 타고 비행하는 것을 스포츠정신에 어긋난다고 여기기도 한다. 하지만 나는 트렁크에 백업 해결 방안이 실려 있다고 글라이더 비행의 매력이 사라진다고는 생각하지 않는다. "돈은 사람을 행복하게 만들지는 못한다. 하지만 우리가 비교적 기분 좋게 불행해지는 것은 허락해 준다."라고 언젠가 한 똑똑한 사람이 말한 것처럼 말이다.

사실 정말 내가 스스로에게 솔직했다면 그때 그 계획들을 곧바로 휴지통에 던져버렸을 것이다. 당시 나는 이런 일들을 한다고 해서 행복해지진 않으리란 것을 이미 마음으로 느끼고 있었다. 내 안에서 이를 경고하는 목소리가 계속 들려왔기 때문이었다. 그것은 오늘날 내가 마음의 목소리라고 부르는 어떤 힘이었다. 나에게는 그 목소리가 매우 분명하게 들렸지만 내 의식 깊은 곳까지 그 말을 받아들일 용기는 없었다.

# 이사

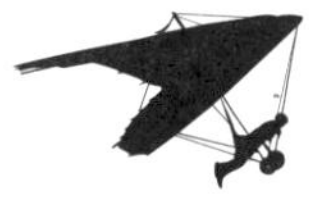

새로 구입한 글라이더는 내가 첫 번째로 사들인 사치품이었다. 나는 이것을 탈 수 있다는 사실에 대단히 기뻐기도 했지만, 동시에 이것으로 말미암아 내가 눈에 띌 수도 있을 것 같아 마음이 그다지 편치 못했다. 마치 다이아몬드가 박힌 롤렉스시계를 차고 모피 코트를 입은 채 린츠 시내를 뽐내면서 지나가는 듯한 느낌이 들었다. 나는 예전부터 보란 듯이 부를 뽐내고 다니는 사람들을 그다지 탐탁지 않게 여겨왔다. 그리고 무슨 일이 있어도 "돈이 최고야!"라고 외치는 부류로 찍히고 싶지 않았다. 나는 그간 그와는 반대로 살아왔다. 눈에 띄지 않는 자동차를 몰고 다니며 수수한 옷을 입었다. 그런데 이런 내가 이처럼 눈에 띄는 비행기의 주인이 된 것이다.

누군가 나한테 이런 비싼 것을 살 정도로 큰돈을 어떻게 구했느냐고 물으면, 나는 "이것 때문에 약간 융자를 받았어요."라고 하거나 "장인, 장모 되실 분들한테서 돈 좀 빌렸어요."라고 설명했다. 그 비행기 값은 무려 6만 유로(대략 9,000만 원—편집주)에 달했으며, 그것도 현찰로 구입했다는 사실을 다른 사람이 알 필요는 없었으니까 말이다. 나는 대단히 열성적인 글라이더 조종사였기 때문에 내가 가진 돈이 아니라 순수한 비행 능력으로 다른 이들에게 주목받고 싶었다.

이러한 소망은 다행히도 머지않아 이루어졌다. 1993년에 새 글라이더를 타고 참가한 대회에서 첫 번째 우승컵을 따낸 것이다. 출발점과 도착점은 알프스 주요 산맥에서 남쪽으로 떨어진 곳에 위치한 리엔츠Lienz라는 장소였다. 나는 총 닷새 동안 펼쳐진 시합에서 약 이틀간 마치 몽유병 환자가 위험을 인식하지 못하고 휘적휘적 돌아다니듯이 무감각한 상태로 비행했다. 나중에 알았지만 이틀 동안 제시된 과제를 모두 통과한 사람은 내가 유일했다고 한다.

당시 날씨 상황은 매우 나빴다. 이런 까닭에 나는 대회 첫날에는 이탈리아까지 날아갔다 왔다. 주위에 온통 비가 내리고 있어서 제대로 된 구름을 만날 수 없었기 때문이었다.

그렇게 나는 상승기류가 거의 없던 하늘에서 15분 동안 머물면서 대회가 열리는 장소의 날씨가 다시 좋아지기를 기다렸다. 드디어 리엔츠 니콜스도르프Lienz-Nokolsdorf 공항으로 착륙할 수 있게 돼서 우선

개인무전기 주파수를 통해 이레네에게 연락을 취했다. 그녀는 대회를 하는 동안 내내 지상에서 내 비행을 주시하고 있었다. "비행기에 엔진이 있는 게 정말 다행이야." 아마도 그녀는 내가 그토록 오랫동안 하늘에 떠있을 수 있었던 이유가 엔진을 가동시켰기 때문이라고 생각해서 이렇게 말했을 것이다.

"무슨 말이야?" 나는 이렇게 물으며 억수같이 퍼붓는 비를 피하려고 다른 곳으로 돌아서 비행을 했다고 설명했다. 그리고 "몇 분 뒤에 분명히 다른 비행기 몇 대도 공항으로 돌아올 거야."라고 덧붙였다. 그러자 이레네는 그런 일은 없을 거라고 말했다. 더 이상 착륙할 비행기는 없으며 모두 이미 오래전에 대회 경로에 놓여 있는 풀밭과 밭으로 착륙했다는 것이다.

다음 날 열린 시합도 이와 비슷하게 흘러가서 대회가 끝날 때쯤에 나는 티롤지역대회에서 가장 뛰어난 우승자가 되어 있었다. 동시에 서로 다 알고 지낸다는 오스트리아의 글라이더 비행사 사이에서도 유명인사가 되어 있었다.

굳이 이번 우승이 아니더라도 이 비행기를 타면서 나는 성공적으로 새로운 차원의 비행사로 거듭날 수 있었다. 당시 나는 실로 한도 끝도 없이 행복했다. 나의 내면에 주기적으로 찾아오는 의심만 없었더라면 완벽했을 것이다.

## 새로운 보금자리

우승을 거두고 난 후 이레네와 나, 그리고 어머니는 집과 회사가 함께 들어갈 수 있는 새로운 장소를 찾기로 결정했다. 레온딩의 집이 당장에라도 폭발할 지경에 이르렀기 때문이었다. 방 여기저기 온통 상자들이 쌓여 있었고, 성수기에는 침실까지 꽉 차서 집 안에 발 디딜 틈조차 없을 정도였다. 때문에 새로운 곳을 찾는 것 외에는 별다른 해결책이 없었다. 심지어 어머니가 아버지와 헤어지신 후에 몇 년 동안 함께 지냈던 분과 지으셨던 별채 역시 온갖 물건으로 넘쳐나는 상황이었다. 우리는 각자 모든 가능성을 신중히 검토한 끝에 티롤에 새로운 보금자리를 마련하기로 했다. 새로운 집은 우리 둘이 살 공간과 사무실로 쓸 곳, 거기에 어머니가 거주하실 아파트도 갖춘 곳이어야 했다. 무엇보다도 마음 내키면 주저 없이 글라이더를 타고 산을 날아서 넘어갈 수 있는 그런 곳이어야 했다.

그래서 우리는 글라이더 비행을 위해서라도 티롤이 가장 적합했기 때문에 그곳을 선택했다. 글라이더 비행에 대한 열정 때문에 책장에는 독일인 요헨 폰 칼크로이트의 책들이 잔뜩 꽂혀 있었다. 그는 글라이더 비행의 선구자인데 최초로 알프스의 아름다운 모습을 사진기에 담아서 책으로 펴내기도 했으며 사망할 때까지 사진 찍는 일을 계속했다. 어느 날엔가 글라이더를 타고 너무 높이 올라가는 바람에 산소 부족으로 정신을 잃었고 그 바람에 그가 탔던 비행기가 엄청나게 빠른 속도로 추락하다가 중간에 공중에서 산산조각이 났다. 비록 폰 칼크로이트는 자신이 가졌던 열정 때문에 희생자가 되었지만 그가 남긴 유산은 내 안에서 살아 숨 쉬며 알프스에 대한 경이로움을 심어주었다.

나와 이레네는 이탈리아의 리에티에서 열린 대회에서 우리 연배의 한 부부를 알게 되었다. 이들은 인스부르크 옆의 매혹적인 산간 지역에서 살았는데 한 번은 그 집에 초대를 받았다. 우리는 그 집에 가보고 어디로 이사할 건지 확실히 결정했다.

우리는 부동산 중개인이 집을 몇 채 보여주기 전에 우선 얼마나 투자를 할 수 있을지 계산하기 위해서 수중에 있는 돈을 살펴보았다. 그런데 계좌에 있던 돈을 모조리 살펴보다가 깜짝 놀라고 말았다. 우리에게는 이미 일을 그만두고 쉬어도 될 만큼 충분히 많은 돈이 있었던 것이다. 하지만 아무것도 안 하고 산다는 것은 그리 마음이 혹할 만한 미래는 아니었다. 겉으로는 만족스러워 보일지 모르겠지만 정작 내 마음속 깊은 곳은 전혀 만족하지 못하는 삶을 살게 될 테니까 말이다.

이런 까닭에 나는 이 돈으로 차라리 고급 빌라를 한 채 사서 이곳에서 우리 회사가 더 번창할 수 있도록 계속해서 일을 하기로 결심했다. 다시 말하자면, 나는 완전히 고의적으로 불안해지기로 마음먹었다.

우리는 레온딩에서 매우 검소하게 살았다. 그래서 한 번쯤은 정말로 멋들어지게 살아보고 싶은 욕심이 있었다. 그런데 부동산을 찾을 때마다 "찾으시는 집이 정확히 어떤 스타일입니까?"라는 질문을 들어야 했다. 거의 백 채에 달하는 집을 보러 다녔으니 그 질문에 백 번을 대답한 셈이었다.

하지만 정작 머릿속에서 상상했던 것들을 늘어놓으면, 부동산 중개인들은 이것저것 계산을 해 보고는 얼버무렸다. 어느 정도 시간이 지나면 포기할 테니까 수고를 덜 수 있겠지 하고 결론 내린 게 뻔히 보였다. 즉 그들은 '두 명의 몽상가들이 머릿속에서 꿈꾸는 것들을 사려고 하다니 어림도 없지.'라고 생각하고 있었다. 그러면서 최대로 투자할 수 있는 허용치가 어느 정도인지를 묻기에 나는 "천만 실링 정도면 충분할까요?"라고 대답해 주었다.

그 당시 천만 실링은 적어도 오늘날 약 백만 유로 정도에 해당하는 가치였다. 내가 이렇게 말을 하면 중개인들은 믿을 수 없다는 듯 이마를 찌푸리던가, 그렇다면 융자 문제는 어떻게 할 건지 묻는 이들도 있었다. 융자할 필요가 없다는 대답에 그들은 그런 일은 있을 수 없다는 표정을 지으며 할 말을 잃었다. 삼십 대 초반의 젊은 한 쌍이 와서는 백만 유로나 되는 집을 자기네 돈으로 산다며 찾는다니. 어떻게 이런 일이 가능하단 말인가? 어쨌거나 매우 드문 일임은 분명했다.

그렇게 우리는 몇 번이나 티롤로 가서 멋진 집들을 보았다. 하지만 그 어떤 집에서도 이곳이야말로 우리의 스위트 홈이라는 느낌을 받지 못했다. 결국 우리는 만족스런 해결책을 찾기 위해 직접 나설 수밖에 없었다. 즉 우리의 바람을 채워줄 만한 집이 없으니 직접 짓자는 것이었다. 그래서 우리는 집을 지을 토지를 보러 다니다가 리에티에서 만났던 부부가 사는 집 옆에 땅을 찾았다. 그곳은 인스부르크에서 약 20킬로미터 정도 떨어진 텔프스Telfs라는 작은 공동체의 위에 있는 언덕이었는데, 이곳에서는 인Inn 골짜기 아래가 굽어보이고, 그 뒤로는 슈트바이 알프스가 펼쳐져 있었다. 우리는 그 위에 서서 나무들 사이로 보이는 골짜기 아래를 내려다보며, '그래, 우리도 이렇게 살아보고 싶었지.'라고 생각했다.

우리는 텔프스 공동체에 값을 지불하고 그곳의 땅을 사들여서 한 건축가와 함께 어떤 집에서 살고 싶은지 계획을 의논했다. 이 건축가는 훗날 우리의 이웃이 된 사람의 집도 지어주었다.

레온딩에서의 삶이 검소했다면, 이곳에서는 다소 지나친 감이 있을 정도로 설계에 공을 들였다. 한쪽 벽면 전체를 통유리로 마감하고, 비싼 원목가구를 들이고, 집 안에 사우나와 피트니스 공간을 만들고, 회사 사무실과 어머니를 위해 따로 한 층씩을 마련하고, 자동차 차고까지 들어간 집이었다. 수영할 수 있는 인공 연못이 갖춰진 거의 3천 제곱미터나 되는 커다란 정원 위에 이 모든 시설이 지어졌다. 그리고 정원에는 따뜻한 여름밤에 칵테일을 홀짝일 수 있는 바도 마련되었다.

나는 미처 완성도 하기 전부터 머릿속으로 이곳에서의 생활을 그려보면서 이번에야말로 행복을 찾을 수 있기를 바랐다. 열심히 번 돈으로 이런 빌라에 이사 오는 것 이상으로 뿌듯하고 행복한 일이 어디 있겠는가?

## 마음의 목소리가 점점 커지다

사실 정말 내가 스스로에게 솔직했다면 그때 그 계획들을 곧바로 휴지통에 던져버렸을 것이다. 당시 나는 이런 일들을 한다고 해서 행복해지진 않으리란 것을 이미 마음으로 느끼고 있었다. 내 안에서 이를 경고하는 목소리가 계속 들려왔기 때문이었다. 그것은 오늘날 내가 마음의 목소리라고 부르는 어떤 힘이었다. 나에게는 그 목소리가 매우 분명하게 들렸지만 내 의식 깊은 곳까지 그 말을 받아들일 용기는 없었다.

그것뿐만이 아니었다. 당시 누군가 나에게, "카를, 네 마음이 하는 소리에 귀를 기울여 봐."라고 충고했더라면, 나는 분명 이렇게 받아쳤을 것이다. "마음의 목소리? 아무 소리도 안 들리는데. 무슨 목소리가 들리면 차라리 정신과에 가 보는 게 좋지 않을까?" 그때까지만 해도 나는 전형적인 사업가에 속했다. 대개 사업가는 자신이 보고 싶은 것만 보려고 하기 마련이다. 그리고 자신들의 시야 밖에 있는 것들에 대해서는 어떠한 책임도 지려하지 않는다.

예를 들어, 나는 우리 물품이 어떤 조건에서 생산되고 있는지 거의 관심조차 없었다. 주문량이 커질수록 양초와 촛대 같은 장식품을 대량으로 저렴하게 구입할 곳을 물색했을 뿐이다. 그 때문에 오스트리아에서는 높은 품질을 계속 유지하지 못했다. 만약 그랬더라면 우리 공예품은 가격 면에서 경쟁력을 잃었을 것이다. 그래서 철의 장막이 무너진 후에 비용 절감을 이유로 제품의 일부를 폴란드와 헝가리로 옮겨 생산했다. 하지만 우리가 이런 식으로 해서 아무리 비용을 절감해봤자 중국에서 저렴하게 만들어지는 것과는 상대도 되지 않았다.

중국에 물품을 주문하는 일은 사람들이 일반적으로 상상하는 것보다 훨씬 간단하다. 이미 중국이나 유럽에는 소위 중개인이라는 사람들이 있어서 우리는 그저 그들을 통해서 주문하려는 상품을 전달하기만 하면 된다. 그럼 이 중개인들이 견본을 중화인민공화국에 전달해서 몇 주 후에 완제품으로 꽉 찬 상자들을 유럽까지 책임지고 실어 나른다. 그러므로 중국에서 어떤 물건을 생산하고자 한다면 굳이 직접 중국에 가보지 않아도 된다. 이는 대단히 기분 좋은 일이다. 주문하는 사람들은 의뢰를 맡아 일하는 회사에서 혹시 아이들이 노동하는지, 일자리에 유해물질이 있는지, 휴식시간이 제대로 지켜지고 있는지, 그리고 노동자들이 그들의 참여 권리를 자각하고 있는지 등의 여부에 대해 고심할 필요가 없다. 의뢰자가 있는 곳과 생산지는 수천 킬로미터 이상 떨어져 있기 때문이다. 그들이 유일하게 생각할 것은 상품 생산비가 저렴하고 물건도 보기에 좋다는 것뿐이다. 사람들은 그래놓고 이것을 세계화라고 떠벌린다.

그렇게 저렴한 주문 상품에는 대부분 약간의 결함이 있었다. 중국에 있는 노동자들이 정확히 본떠서 완성하게끔 견본을 보냈지만 완성품을 자세히 들여다보면 다른 문화권에서 만들어졌다는 것을 뚜렷이 알아볼 수 있었다.

예를 들어서 우리가 파는 양초에는 얼굴 모양이 들어 있는 종류가 있었는데 본래 견본에서 보여주는 얼굴은 누가 봐도 확실하게 서유럽 사람의 모습이었다. 하지만 중국에서 생산된 제품을 보면 그 얼굴을 그린 사람의 머릿속에 동양인의 모습이 각인되어 있다는 것을 확인할 수 있다. 가능하면 원본에 가깝게 다가가려고 노력했지만, 그럼에도 종종 눈이 미묘하게 작거나 코가 너무 작게 그려졌다. 색조 역시 멋대로 바뀌어서 실제 견본과 일치하지 않는데도 때마침 창고에 있었다는 이유로 다른 색깔을 사용하는 경우도 있었다.

그런 경우 오스트리아에 있는 우리는 물건을 받아서 상자를 열고는 거의 머리가 돌 지경이 되어 버린다. 하지만 거기다 대고 뭐라고 할 수 있을까? 수익을 최고로 올리려고 마음먹은 사업가의 삶이 다 이런 것이다. 일종의 불확실함은 결국 감수해야 하는 것이다.

나는 오스트리아와 중국 사이에 진행 가능한 사업 수단을 전부 꿰뚫고 있었지만 우리의 사업동반자를 직접 고르기 위해서라도 언젠가 꼭 아시아로 가볼 생각이었다. 간혹 실패하긴 했지만 대체로 제품 상태가 괜찮았으므로 거래가 불만족스럽지는 않았다. 그저 직접 만나서 고를 수 있다면 우리가 이 사업을 바탕으로 더 많은 일을 해낼 수 있지 않을까 하는 느낌이 들었다.

'도대체 무슨 이유로 우리의 사업 영역을 오스트리아와 남부 독일 지역에만 국한시켜야 해? 여기에서 통하는 거라면 유럽 다른 곳에서도 잘되겠지.' 당시 나는 이렇게 생각했다. 그래서 "우리는 더 넓게 생각해야 해. 유럽 전체를 상대로 하면 우리가 지금 얻는 수익의 몇 배는 더 거둬들일 수 있을 거야."라고 이레네를 설득했다.

그러나 이레네는 이런 계획에 대해서 아무것도 듣고 싶어 하지 않았다. 결국 회사 행정의 대부분을 떠맡아야 할 사람이 그녀이기 때문이었다. 그래서인지 나는 그녀가 오히려 나의 사업욕에 제동을 건다는 느낌을 종종 받았다. 그래서 때때로 "카를 라베더 수공예"가 더 발전해 나가려는데 그녀가 브레이크 페달을 밟고 있다고 대놓고 불평했다. 하지만 이제 와서 생각해 보니 그녀에게 마음 깊이 감사해야 할 것 같다. 그래도 그 당시에는 이따금 그녀가 앉는 사무실 의자에 촛불을 켜서 그녀의 엉덩이에 불이라도 붙이고 싶은 심정이었다. 물론 어디까지나 비유적인 표현을 빌리자면 말이다.

## 세계 신기록

우리는 이렇게 일하는 시간 외에도 자유 시간 또한 의미 있게 쓸 줄 알았다. 예를 들어서 뉴질랜드로 떠난 휴가가 특히 그랬다. 나는 이곳에서 꿈도 꾸지 않았던 두 종목의 세계기록 보유자가 되었는데, 내가 죽을 때까지 이 기록을 깰 수 있는 사람은 아무도 없을 것이다. 내가 기록을 세우고 얼마 안 되어서 "개폐식 엔진이 달린 글라이더"가 단독 종목으로는 더 이상 대회가 열리지 않게 되었기 때문이다. 그러니 내가 세운 세계기록을 깰 사람은 앞으로 영영 나오지 않을 터였다.

사연을 설명하자면 이렇다. 우리는 저스틴이라는 친구와 함께 그의 농장에 앉아 있었다. 영국 태생인 그는 뉴질랜드에서 양 목축업을 꾸리면서 살았다. 그는 우리 중에서 가장 훌륭한 '새', 즉 비행사였는데 그날따라 행운의 여신이 그를 외면했다.

당일 일기예보는 마치 바다에서 파도타기를 할 때 '올라탈 수 있는' 파도형 기류처럼 가파르게 치솟은 그래프를 보여주며 대단히 긴장감 넘치는 기상조건을 예고했다. 그럼에도 우리는 전혀 개의치 않고 남섬에서 출발해 북섬을 향해서 비행하기로 했다.

두 섬 사이는 천 킬로미터도 넘는데다가 중간에 50~60킬로미터 정도는 바다 위를 지나가야 했다. 게다가 기후나 지리 같은 조건도 전혀 달라서 남섬은 비가 많이 오고, 그 축축한 공기가 산에 부딪혀 오랫동안 강우가 이어지는 원시림 형태가 서쪽에 자리 잡고 있었다. 어떻게 보면 오스트리아와 비슷하다고 할 수 있다. '서던 알프스Southern Alps'의 동쪽에는 푄현상과 같은 건조한 하강 기류가 골짜기와 분지로 내려와서 주변을 완전히 건조하게 만든다. 공기가 산을 넘어서 쓰다듬듯이 다른 쪽으로 내려오기 때문에 바다에서 파도가 발생하는 것과 같은 현상이 여기에서도 생긴다. 즉, 글라이더 비행기로 매우 먼 거리를 비행하기 위해서 우리가 이용할 수 있는 파도의 움직임이 생기는 것이다.

우리는 아침 여덟 시 경에 처음으로 이를 시험해 보았다. 하지만 풍속이 아직은 너무 낮았다. 우리는 한 시간 동안 힘겹게 씨름하고 난 뒤에 다시 착륙해서 그냥 포기하고 비행기를 덮어놓으려고 했다. 그때 나는 "벌써 포기하다니 이거 정말 형편없는데. 한 시간 더 기다려 보자고. 그 사이에 뭐나 잠깐 먹으러 가지."라고 저스틴에게 말했다. 우리는 샌드위치를 먹으며 차를 마셨다. 그리고 열한 시쯤 다시 비행장으로 돌아가서 스스로와 약속했다. "다시 한 번 시도해 보고 그래도 안 된다면, 비행은 접고 오후에 좋은 시간이나 보내자고."

그런데 출발하고 난 뒤에 얼마 안 되어서 갑자기 약간의 바람기가 느껴졌다. 나는 인내심으로 버티다가 결국 파도에 올라타는 데 성공했다. 드디어 말 타기를 시작할 수 있게 된 것이다. 우리는 북쪽을 향해서 비행기를 아주 천천히 출발시켰다. 저스틴의 부인은 그날 아침에 모든 것을 완벽하게 준비해놓았다. 그녀는 모든 항공교통관제소와 전화통화를 해서 두 미치광이가 남쪽에서 북섬을 향해 비행하려 한다고 알려줬다. 이 영공에는 다른 민간항공기도 지나가기 때문에 반드시 먼저 연락해 두어야 했다. 우리 둘은 모두 무선 응답기를 가지고 있었는데, 응답기의 신호는 비행통제본부의 레이더뿐 아니라 민간항공기의 경고 기기에서도 잡혔다.

저스틴은 나보다 더욱 노련한 비행사였기 때문에 바다를 건널 때까지 내 앞에서 날아갔다. 마침내 바다를 건널 순간이 오자 나는 몹시 긴장했다. 아래를 내려다봐도 바닷물밖에 보이지 않고, 북섬은 수평선 어딘가에 어렴풋이 보였다.

다음 파도가 어디에 있는지, 도중에 상승기류와 하강기류가 있는지 우리는 아무것도 몰랐다. 단지 바다 건너 저곳에 우리가 비상착륙을 할 수 있는 커다란 민간항공 공항이 있고, 그 공항에서 얼마 떨어지지 않은 곳에 글라이더 비행장이 있다는 것만 알고 있었다. 그리고 우리의 목표가 바로 이곳이었다.

나는 어느 순간부터 의사소통이 어렵다는 것을 확실히 느꼈다. 저스틴의 응답기에 있는 건전지가 서서히 떨어지고 있었기 때문이었다. 그는 비행하는 동안 내내 전기를 많이 소모하는 응답기를 켜놓았는데 심지어 민간항공기가 날아다니지 않는 상공에서도 전원을 올린 채였다. 그에 비해 나는 민간항공기가 지나다니지 않는 영역에서는 응답기를 꺼놓겠다고 항공 관제사에게 양해를 구하고 꺼놓은 상태였다. 결국 북쪽을 향해 좀 더 날아갔을 때 나와 저스틴 사이의 무선 연락이 완전히 끊겨버렸다. 나는 저스틴이 나보다 훨씬 더 앞에서 날아가고 있을 거라고 생각해서 그날 저녁에는 각자가 어디에 착륙했는지 알게 되겠거니 하고 안이하게 넘겼다.

바람이 점점 더 약해졌기 때문에, 나는 파도 기류에서 빠져 나와서 한 산등성이를 향해서 날아갔다. 그 산 뒤에는 비행장 외 착륙을 할 수 있을 만한 풀밭이 있었다. 당시 나는 다시 한 번 상승기류를 만날 것이라고는 생각조차 못했다. 그런데 산을 넘어서 약간 방향을 전환했을 때, 마치 엘리베이터에 올라탄 듯이 한순간에 비행기가 위로 휙 치솟아 올라갔다. 나는 비행기에 앉아 입이 귀에 걸렸다. 그리고 항공관제사들에게 다시 연락을 취했는데, 이들은 레이더에서 내 비행기를 확인할 수 있도록 응답기를 켜달라고 요청했다. 내가 민간항공기의 왕래가 빈번한 영역으로 날고 싶어 했기 때문이었다. 다행히도 전기가 아직 많이 남아 있었다. 그래서 관제사들은 내가 더 높은 곳에서 비행해도 좋다고 허가했다. 나는 이 높이로 매우 편안하게 북섬 끝까지 날아갈 수 있었다.

나는 비행이 끝난 후에야 비로소 저스틴도 나와 비슷한 경우였다는 것을 알았다. 차이가 있다면 그는 산등성이 뒤에 있던 상승기류에 올라타지 못하고 풀밭에 착륙해야만 했다는 점이었다. 게다가 그는 지난겨울에 다리가 부러져서 비행기 안에 목발까지 실은 상태였다. 착륙한 후에 목발이 손에 닿지 않아 그 상태로 비행기 안에 앉아 있었다고 한다. 때는 늦은 저녁이었고 사방을 둘러봐도 사람은 전혀 보이지 않았다. 단지 멀찍이 떨어진 곳에 집 한 채가 서 있을 뿐이었다.

그는 비행기 조종석 유리 덮개를 떼어서 집이 있는 쪽으로 흔들어 댔다. 나중에 알게 된 일이었지만, 당시 그 집의 가족들은 저녁 식사 중이었다. 그 집 어린아이가 창문 쪽을 내다보면서, "아빠, 저기 우리 집 옆 풀밭에 비행기가 서 있어요. 그 속에 어떤 사람이 앉아서 손을 흔들고 있어요."라고 말했다고 한다. 하지만 아이 아빠는 그 말을 믿지 않고 "그래, 알았어, 알았어. 계속 먹기나 해라."라고 말했다. 그래서 저스틴은 불쌍하게도 그 가족들이 저녁 식사를 마치고 모두 텔레비전 앞에 앉을 때까지 한 시간 동안 자기 비행기에 앉아 있었다. 꼬마는 "저기 밖에 진짜 누가 있는데 점점 절망적으로 손을 흔들어요."라고 몇 번이나 반복해서 말했다. 그제야 아이 아빠는 아이가 하도 그러니까 미심쩍어하면서 창문 밖을 쳐다보고는 "어라, 정말 누가 앉아 있네?"하고 깜짝 놀랐다. 그 가족은 즉시 저스틴에게 달려와 그를 비행기에서 끌어냈다.

그와는 달리 나는 우리가 원래 목표로 삼았던 바로 그 지점에 정확히 도착했다. 좀 더 정확히 하자면, 거의 근접한 위치에 착륙하는 데 성공했다. 우리는 비행하기 전에 전화번호부에서 몇 군데에 전화를 했었는데 그중 유일하게 통화가 된 곳은 한 호텔이었다. 우리가 비행기 공장이 어디인지 묻자 전화를 받은 사람은 비행장을 찾는 일쯤이야 식은 죽 먹기라고 했다. 왜냐하면 이 지역을 통틀어서 높은 건물이라곤 바로 한 채밖에 없는데, 그게 다름 아닌 이 호텔이고 바로 앞에 비행장이 있기 때문이란다.

그래서 나는 헤맬 일 없이 그곳에 도착했다. 하늘에서 내려다보자 정말 큰 건물이 하나밖에 보이지 않았고, 그 옆에는 녹색 점이 있었다. 당시 나는 '착륙장이라고 하기에는 정말 독특하게 생겼군. 그리 길지도 않고. 하지만 뭐 어쩌겠어?'라고 생각했다. 착륙을 시작하고 나서야 이 비행장의 한복판에 두 개의 기둥이 풀밭 양쪽에 서 있는 것을 보았다. "흠, 무언가 이상한 걸." 나는 조금 후에 내가 럭비 경기장을 향해 내려가고 있다는 것을 알아챘다.

나는 첫 번째 기둥을 어떻게 간신히 비켜서 내려온 후에 풀밭에 착륙해서 브레이크를 세게 밟았다. 그대로 미끄러지면서 다른 쪽에 서 있던 기둥들을 겨우 비껴갔지만, 울타리는 피할 새가 없었다. 불행 중 다행인 것은 울타리에 부딪히면서 비행기 속도가 많이 줄었다. 두 개의 날개 중 하나가 울타리에 걸려 브레이크 역할을 해 주었기 때문이다. 그리고 울타리 뒤는 좁은데다가 돌로 덮인 땅이라고밖에 표현할 수 없는 진짜 비행장이 있었다.

이렇게 목적지로 정한 장소에 착륙하는 데 성공한 덕분에 내 비행만이 유효한 것으로 인정받았다. 글라이더 비행에 있어서 최종적으로 평가받는 것은 결국 이런 정교함이다.

내가 저스틴의 부인에게 전화해서 정확히 그곳에 착륙했다고 이야기하자, 그녀는 "세계신기록을 세운 것을 축하해요. 내가 찾아봤는데 당신이 표시한 거리는 그 비행기와 같은 등급의 비행기들이 여태 날은 것 중에서 일직선으로 가장 길게 비행한 거라고 하더군요."라며 축하해 주었다. 비행 거리는 정확하게 1,039킬로미터였다. 이것으로 나는 한 대의 비행기로 한꺼번에 신기록 두 개를 세운 셈이었다. 그 첫 번째는 일직선으로 비행했다는 것이었고, 두 번째는 정해놓은 도착점에 도달했다는 기록이다. 이 두 세계신기록은 내가 죽을 때까지 확실히 남아 있을 것이다.

그러나 이런 것들은 나에겐 썩 중요하지 않았다. 실제로 세계기록을 세웠다는 증명서가 우편으로 왔을 때, 나는 이를 건드리지도 않은 채 그대로 장롱에 집어넣었다.

이것은 내가 그 당시에 자주 경험했던 영광의 순간들 중 하나였다. 당신이 최악의 조건에도 불구하고 세계신기록처럼 정말로 대단한 일을 해냈다고 하자. 아마도 스스로 계획한 것을 이루었다는 자부심에 차서 몹시 기뻐할 것이다.

하지만 나에게는 그것이 별 감흥이 없었다. 나는 그저 이 모든 것이 부질없다고만 생각했다. 그래서 증명서를 잠깐 훑어보고는 '별로 예쁘지도 않네' 라고 생각하고 다시 집어넣었다.

대회에 참가해서도 상황은 별반 다르지 않았다. 내가 시상대에 오르면, 사람들은 나에게 갈채를 보냈다. 하지만 정작 나는 그 순간에 '이건 네가 갖고 싶어 하던 게 아니잖아?'라고 스스로에게 반문했다.

처음에 나는 내가 성공해도 제대로 기뻐하는 법도 모르는 사람이라고 생각했다. 하지만 시간이 지날수록 무언가 다른 원인이 있다는 사실이 분명해졌다.

## 새로운 상승기류

우리는 1997년에 레온딩의 옛집에서 티롤에 지은 새로운 집으로 이사했다. 그간 우리는 집 짓는 일이 어떻게 진행되는지 별로 정보를 받지 못했다. 우선 이것을 알아보기에는 시간이 부족했으며, 두 번째로는 하나하나 확인할 만한 참을성이 없었다. 대개 공사장 일은 진행이 느려서 온종일 일해도 무엇을 했는지 눈에 띄지도 않았다. 그런데 한번은 건축가와 함께 창문을 몇 개 단 적이 있었다. 이건 전적으로 부분적으로나마 집주인이 공사에 참여하는 것이 전통이라고 믿는 그 건축가의 성향 때문이었다. 그런데 계획된 날의 반나절 만에 창문을 끼워 넣는 일이 놀라울 정도로 빨리 끝났다.

우리가 이사를 왔을 때, 집 안이 아늑하고 살기 좋게 보이도록 신경 쓰는 일은 전적으로 이레네의 몫이었다. 나는 집 꾸밀 시간이 없었다. 이사하기 몇 주 전부터 더 중요한 일을 준비하고 있었기 때문인데 여기서 중요한 일이란 바로 여름에 남프랑스에서 열리는 글라이더 세계 선수권대회였다. 당시 나는 앞으로 다가올 2년 동안 내가 계획했던 것과는 완전히 다른 길로 걸어가게 될 거란 사실을 전혀 예측하지 못했다. 돌이켜 보면 그때의 방황은 내가 그동안 간과했던 어떤 곳에서 새로운 상승기류를 찾는 시간이었을지도 모른다.

사실 '천국'에 도착한 첫 순간부터 우리는 기쁨이 찌그러드는 듯한 느낌을 받았다. 우리가 만난 모든 사람이 마치 달콤한 미소를 띤 가면이라도 쓴 것처럼 가식적인 연극을 보여주었기 때문이었다. 이들에게서 진정한 마음에서 우러나오는 인간미라고는 눈곱만큼도 찾아볼 수 없었다. "안녕하세요. 오늘은 정말 멋진 날이죠?"라고 말하면서 말이다. 하지만 그들은 분명 속으로는 '날도 한번 진짜 덥네. 아휴, 제기랄. 다시 또 성가신 유럽 사람이야? 영어도 제대로 못 하고.'라고 생각했을 것이다. 그들이 "정말 아름답죠!"라는 부드러운 말로 나에게 말을 건 순간부터 나는 이 사람들이 내 앞에 서 있다는 것 자체가 너무나도 불쾌해졌다. 우리는 그곳에서 3주를 보냈지만 그동안 진정성 있는 사람을 만났다는 인상은 도통 받지 못했다.

# 휴가

내가 살아온 날들을 돌아봤을 때 1997년에서 그다음 해로 이어진 겨울은 내 인생의 전환점이었다. 그해, 우리는 카리브 해에 있는 섬으로 여행을 떠났다가 하와이에 도착했다. 이로써 꿈같은 여행이 끝났다. 그리고 그 후 모든 것이 달라졌다. 첫째로 나는 유부남이 되었고, 두 번째로 물질적 부가 나의 감정과 영혼의 빈곤함을 보상해줄 수 있을 거라는 환상이 마침내 깨졌다.

이야기를 처음부터 해 보자면 이렇다. 나와 이레네는 오랜 시간을 함께하며 유럽에 겨울이 찾아오면 그때 여름인 나라로 떠나는 것을 둘만의 애정 어린 전통으로 정했다. 이는 내가 겨울을 몹시 싫어하기 때문이었다. 옷 속으로 추위가 뚫고 들어오고, 사람들이 아침에 창문을 내다보면서 침대 밖으로 도통 나오려고 들지 않는 그 계절은 나에게 취약이었다. 그래서 나는 할 수만 있다면 겨울로부터 도망쳤다. "하지만 카를. 계절을 느끼지 않고 사는 것은 별로 자연스럽지 않아." 라는 소리도 많이 들었다.

맞는 말이다. 계절에 따라 변화하는 것은 지극히 자연스러운 일이다. 하지만 꼭 우리가 사는 곳의 계절을 따라야 한다는 법은 없지 않은가. 유럽의 계절이 뚜렷하게 구분된다고 해서 계절 구분이 크지 않은 곳의 삶이 부자연스럽다고 할 수는 없다. 물론 몇 달 동안 얼음 같은 추위가 코끝에서 대롱대롱 매달려 있는 겨울을 거치지 않고 산다는 것이 부자연스럽게 느껴질 수는 있겠지만 말이다. 어쨌거나 부자연스럽다는 표현은 틀렸다.

## 결혼식

매년 크리스마스와 연말연시 장사가 끝난 후에 주문한 것에 대한 대금이 모두 청구되고 나머지 남은 물품들을 장부에 다 기록하면, 이레네와 나는 지구를 한 바퀴 돌아 먼 곳으로 떠났다. 그곳에서는 오슬오슬 떨리는 추위와 질척이는 눈 대신 이글거리는 열기와 모래사장이 우리를 반겨주었다. 오스트리아만 떠날 수 있다면 어디로 가든지 상관없었다. 그래서 우리는 이사를 몇 주 앞둔 1997년 겨울에 카리브해에 있는 섬에 도착했다. 이곳에서는 복잡한 행정절차를 거치지 않고도 결혼할 수 있었다. 무엇보다도 성가신 친척들이 오지 못하는 곳이라서 더 마음에 들었다.

이레네와 나는 우리의 관계를 부부라는 새로운 관계로 연장하는 데 이곳이 바로 딱 들어맞는다고 생각했다. 우리는 물론 서로 사랑했지만 연인으로서의 사랑과 열정이라기보다는 친구 같은, 아니 거의 남매로서의 우애에 가까웠다. 그러니 우리가 오스트리아에서 떠들썩하게 결혼식을 올리고 싶지 않았던 것도 당연했다. 이런 결혼식에서는 식이 끝나면 비행기가 "카를과 이레네, 하늘같이 높은 사랑 안에서"라고 쓰여 있는 플래카드를 꼬리에 붙이고 날아간다. 이런 것은 상상만 해도 끔찍했다.

우리는 이런 결혼식 대신 바닷가에서 주례 신부 한 명을 앞에 두고, 뒤로는 파도 소리를 들으며 하는 매우 작은 결혼식을 원했다. 그리고 실제로 그렇게 했다. 짧은 예식이 끝나고 우리는 서로 바라보며 키스한 뒤 손을 잡고 호텔로 갔다. 우리 머리 위로 쌀을 퍼부으며 행복을 빌어줄 하객들이 없으니 굳이 쌀을 털어내는 고생을 할 필요도 없었다. 왈츠를 추지 않아도 되고, 무엇보다 억지로 미소 지으면서 당해줘야 하는 끔찍한 뒤풀이 행사에 갈 필요도 없으니 더할 나위 없이 만족스러웠다. 그렇게 우리는 공식적으로 남편과 아내가 되었지만 사실 이미 오래전부터 남매처럼 지내는 사이였다. 당시 우리는 이 진실을 인정할 준비가 되어있지 않았다. 만약 그때 이처럼 민감한 부분이 불거졌다면 우리의 관계는 모래 위에 지은 집처럼 완전히 무너져버렸을 것이다. 그래서 우리는 현 상태를 유지하는 편을 택했다.

무엇보다 나에게는 결혼생활 외에도 대리만족을 느낄 다른 방법이 있었다. 그 당시 누군가 내게 "카를, 글라이더 비행이랑 섹스 사이에 어느 것을 포기하는 게 쉬워?"라고 물었더라면, 나는 망설이지 않고 섹스를 포기했을 것이다. 이는 절대 이레네와의 사이에 문제가 있어서가 아니라  오직 비행기 안에 있을때만이 추진력을 느낄 수 있기 때문이다. 이미 열여섯, 열일곱 살 때부터 나에게 비행기는 여자보다 훨씬 더 중요했다. 이러한 인식은 20년이 지나고 나서야 겨우 바뀌었다.

우리는 여행을 마치고 오스트리아로 돌아오자마자 티롤로 이사했다. 그리고 나는 그때부터 남프랑스에서 열릴 세계선수권대회에만 온 신경을 쏟았다. 이 대회는 어떻게 보면 나에게는 거의 '홈경기'나 마찬가지였다. 나에게 있어서 이곳보다 더 잘 아는 지역은 거의 없었다. 1995년에 처음으로 세계선수권대회에 출전했을 때, 나는 '참가하는 것만으로 만족한다.'고 생각했다. 하지만 이번만큼은 이 대회에서 내 능력이 어떤지를 증명해 보이고 싶었다. 사업할 때 성공을 목표로 하듯이 비행에 자신감이 붙을수록 비행에서도 성공을 노리게 되었던 것이다. 그 당시에 글라이더 비행은 나에게 더 이상 취미 활동이 아닌 진정한 프로 스포츠였다. 나는 어떻게 하면 하늘에서도 훌륭한 성과를 거둘 수 있을지 나 자신에게 끊임없이 묻고 또 물었다.

기술적인 능력은 이미 충분히 단련되어 있었다. 문제는 내 정신 상태였다. 나는 어떻게 하면 비행하는 동안 경쟁자들보다 더 똑바른 정신을 유지하면서 주위를 살필 수 있을지, 결정적인 순간에 다른 이들보다 더 빨리 정확한 결정을 내리려면 어떤 기본기를 길러야 하는지 알고 싶었다. 일견 미비해 보일지라도 경기가 끝날 무렵에는 나를 선두에 세워줄 그런 정신 기술 말이다.

이 호기심은 대학 시절부터 시작되었다. 교직학과에 등록할 당시, 나는 글라이더 비행을 함께했던 어떤 동료의 딸을 알게 되었는데 그녀는 내가 품고 있는 심리적 질문에 흥미를 보여주었다. 그래서 우리는 사람들이 어떤 기술을 통해서 정신을 훈련할 수 있을지, 효율적인 방법과 비효율적인 방법을 구분 짓게 하는 것이 무엇인지 등에 대해 많은 대화를 나누었다. 이와 같은 탐구의 시간을 거쳐 나는 정신도 근육처럼 작동하며 허벅지 근육이나 이두박근처럼 정신 또한 훈련할 수 있다는 것을 깨달았다. 이렇게 생각하자 한때 근육 만드는 일에 매력을 느꼈듯이 정신을 형성하는 일도 매우 뜻깊어 보였다. 그래서 건강상의 이유로 보디빌딩을 그만두고 '마인드빌딩'을 시작했다. 지하실에서 몸을 단련시키는 것보다는 머리를 위한 운동을 하는 것이 더 낫다고 여겼던 것이다.

이것으로 우선 새로운 터는 마련된 셈이었다. 이 준비된 땅에 새로운 씨를 뿌려준 것은 나와 글라이더를 같이 하던 동료였다. 그는 나에게 나 자신과 나의 비행 능력을 향상시킬 수 있는 방법이 있다고 먼저 이야기를 꺼냈다.

이 사람은 천부적인 기상학자여서 우리는 그가 예측하는 날씨를 항상 그대로 믿기만 하면 됐다. 그런데 그는 하늘의 상태만 잘 읽는 것이 아니라, 훈련된 눈으로 오스트리아의 특급 조종사들의 마음에 새로운 길도 열어주었다. 그는 나에게 이전에 참여했다는 세미나에 관해 이야기를 들려주면서 그곳에 등록해 보지 않겠느냐고 제안했다. 그 세미나는 "신경언어 프로그래밍Neuro-linguistic programming"이라는 기본 강좌로 짧게 NLP라고도 부른다.

이 방식에 대해서 많은 의혹이 있다는 사실은 알고 있었다. 이 방식은 그간 자주 교활한 목적에 오용되어 왔으니 말이다. 악인들은 자신의 목적을 위해서 다른 사람을 희생시킬 요량으로 이 방법을 애용했다. 하지만 내 생각에 이는 방법 자체가 아니라, 이를 사용하는 사람의 문제였다. 화약의 경우에서 볼 수 있듯이 말이다. 만약 바위를 깨뜨려서 터널을 파는 데 화약을 사용한다면 좋은 일이다. 하지만 인간을 죽이기 위해 총을 쏘는 데 이용한다면 화약은 악한 것으로 변한다.

여하튼 NLP가 효과적인 방법임은 분명했다. 나는 이것에 매료되었고 오로지 스포츠를 위해서 윤리적으로 활용하고자 했다. 그래서 80년대 후반쯤, 이와 관련된 세미나에 처음으로 참가해 보았다. 이곳에서 글라이더 비행뿐만 아니라 다른 분야에도 효과적인 몇 가지 귀중한 지식을 배울 수 있었다.

이 방식은 세상에 있는 무언가에 어울리는 개념을 찾는 능력을 길러주었다. 나는 본래 고유감각론자였다. 이는 신체가 느낀 감각을 인식하고 또 감각으로 표현하는 것을 선호하는 사람들을 말한다. 그래서 나는 사물을 관찰하고 나를 어떤 특정한 감각 세계에 이입하는 데 능수능란했다. '카를 라베더'가 그처럼 큰 성공을 거둔 이유도 내가 이런 일을 무척 잘했기 때문이라 생각한다. 하지만 사실 예전에는 이런 감각에 대한 적당한 단어를 찾는 일이 오히려 더 힘들었다. 무언가를 느끼긴 했지만 이것에 이름을 붙일 수 있을 때까지 오랜 시간이 걸렸다. 이러한 결함 탓에 그간 나는 내 세계를 상대로 감정을 전달하는 데 무척 힘들었다. 하지만 이보다 더 힘들었던 것은 내가 스스로에게조차 내 감정을 거의 전달하지 못한다는 사실이었다.

나는 우리가 속한 사회가 언어에 너무나 많은 의미를 부여한다고 확신한다. 의사소통의 95퍼센트는 비언어적으로 행해지는데, 우리는 이 95퍼센트의 효과에 만족하지 않고, 나머지 5퍼센트에 지나지 않는 언어 때문에 머리를 쥐어뜯는다. "왜 저 사람이 나에게 이런 말을 했을까? 저 여자에게 그것을 어떤 말로 이야기해야 하지?" 이런 일은 그다지 중요하지도 않으며 종종 완전히 불필요한 싸움으로까지 이어지기도 한다. 그 때문에 같이 일하려면 머리를 쉬게 놔두고 압박감을 떨쳐 버리는 일이 때로는 훨씬 이성적이다. 하지만 다른 한편으로, 감각에 맞는 적당한 개념을 찾지 못한다면 자기 자신뿐 아니라 주변 환경으로 향하는 통로도 막힐 수 있다. 그러면 어떤 사람과도, 심지어 자기 자신과도 소통할 수 없기 때문에 본인의 행동에 대해 권위를 갖는 것은 거의 불가능하다.

다른 사람과 대화를 나누는 것이 얼마나 중요한지 지도에 대한 비유를 들어 설명해 보겠다. 우리 머릿속에는 이 세계를 그린 지도가 한 장씩 들어 있다. 즉 이 지도에 모두 같은 세계를 그리고 있는 셈이다. 그렇다면 원칙적으로는 모두 똑같은 지도를 머릿속에 가지고 있어야 한다. 하지만 진실은 이렇다. 세계는 다 똑같을 수 있지만 각자가 가진 지도는 현저히 다르다. 사람들은 각자 머릿속에 이 세계에 관한 그림을 가지고 있으며, 전적으로 이 지도를 바탕으로 움직인다.

## 마인드 빌딩

나는 그때까지 늘 내가 느끼는 것을 다른 사람도 똑같이 느낄 거라고 생각했었다. 하지만 평소에 내가 느끼는 것을 말로 표현했을 때, 나를 이해하는 사람은 단지 몇 명에 불과하다는 사실에 깜짝 놀랐다.

NLP를 만든 사람들은 밀턴 에릭슨과 같은 그 당시의 유명한 심리치료사의 방식에 대해 연구하고 성공한 방법을 새로운 프로그램에 연결한 것 외에는 솔직히 아무것도 한 일이 없다.

에릭슨의 기술은 예를 들면, 그의 환자가 쉽게 변할 수 있도록 특정한 언어 모형을 통해 일종의 최면 상태로 빠지게 하는 것이었다. 나는 이를 시작하기 전에 특정 개념을 사용해 내 관심을 높일 수 있는 어떤 상태에 도달하는 방법을 배웠다. 만약 이것이 단지 글라이더 비행에만 사용할 수 있는 방법이었다면 나는 바로 수강료를 돌려달라고 했을 것이다. 하지만 그런 내 우려와는 달리 내 상태는 전체적으로 점점 좋아지기 시작했다. 나는 특정 행동 유형을 새롭게 정의하는 법과 이들을 더 잘 이해하고 이를 통해서 다르게 행동할 수 있는 법을 배웠다.

강의가 시작한 지 몇 주가 지나자, 나는 글라이더의 조종석에서보다 사무실 의자나 저녁에 소파에 앉아 있을 때 강의 내용에 대해 생각을 많이 하게 되었다. 지도에 관해 생각하면 할수록, 나는 이것에 대한 정확한 개념을 찾기 위해 필사적이었다. 이것은 가끔씩 마치 새로운 언어를 배워야 하는 일처럼 매우 어렵게 느껴졌다. 하지만 나는 '가능한 모든 목표에 도달할 수 있다.'라는 라베더의 좌우명을 명심하고 이 도전에서 이기기 위해 노력했다. 나는 강의 원고를 공부하고 책들을 읽어댔다. 다 읽은 책은 책장마다 표시한 곳과 밑줄로 꽉 차 있을 정도였다. 그제야 나는 비행을 하는 동안에도 강의 내용이 도움이 된다는 것을 서서히 느낄 수 있었다.

1997년에 두 번째로 세계선수권대회에 참가하기 위해 프랑스로 갔을 당시에 나는 이미 "마인드빌딩"으로 몇 년간 정신을 다져 놓은 상태였다. 그간 나는 마인드빌딩뿐만 아니라 진보적 근육 이완과 자기암시와 같은 다른 방식도 함께 훈련했다. 나는 이 대회를 위해 확실히 준비해왔고 그 결과 경기에서 15위를 차지했다. 다른 많은 비행사와는 달리 삼십 대 초반이 되어서야 대회에 출전하기 시작했다는 것을 생각하면, 이것은 경이로운 결과였다. 하지만 이런 커다란 행사에서 내 능력을 발휘하고 적용하기 위해서는 시합에 노련하게 임할 수 있는 경험을 더 쌓아야 했다. 글라이더 비행은 날씨 상태가 크게 좌우하기 때문에, 언제쯤 비행기를 출발시킬 수 있을지 확실하지 않아 정신력이 많이 소모된다. 사람들이 아침에 비행기를 조립하고 물을 채워 넣고 출발 준비를 끝내 놓아도 실제로 대회가 개최될지 아무도 확실하게 말할 수 없는 상황이 생길 때도 있다.

그렇게 두 시간을 기다려도 갑자기 날씨 상황과 상승기류가 안전 비행할 여건이 되지 않아 짐을 모두 다시 챙겨야 하는 수도 있다. 그런 의미에서 때가 되었을 때 자신이 보여줄 수 있는 최고의 비행 실력을 이끌어내기 위해 긴장했다가 다시 완화하는 정확한 척도를 찾는 것도 하나의 예술이다.

요즘에 와서는 무조건 성과를 올리려고 했던 것을 매우 회의적으로 생각한다. 이것은 불가피하게 우선순위가 무엇인지를 바꿔버린다. 그러다 보면 목표로 연결되는 과정이 아니라, 단순히 목표 자체만이 중요해진다. 그 결과 사람들은 어떤 특정한 목표에 집착해서 더는 기쁨을 느끼지 못할 정도로 실망하게 된다. 그렇게 되면 이전에 기쁨을 가져다준다는 이유로 시작했던 일이 그때부터는 단순히 부담이 되고 만다.

어쨌든 우리는 사회에서 성과를 쌓는 데 지나치게 단련되어 있어서, 정신 건강을 위해서라도 가끔은 모든 것을 그냥 놓아버리는 편이 더 낫다. 여기서 말하고자 하는 핵심은 빠져나올 준비만 되어있다면 성과를 높이려는 끝없는 집착에서 혼자 힘으로 벗어날 수 있다는 사실이다. 그럴 수만 있다면 이것은 더 이상 성과가 아니라, 일종의 창조적 행동이 된다. 글라이더를 탄 경우에 비유하자면 이때 사람들은 말 그대로 시간이 어떻게 지나가는지 알아차리지 못할 정도로 빠른 속도로 비행할 수 있게 된다.

열정을 통해서 성과를 높이는 방법도 있다. 하지만 나에게는 이 방법이 거의 불가능하게 느껴진다. 내가 이 사실을 깨닫는 데는 거의 10년이라는 세월이 걸렸다. 좀 더 정확히는 2006년에 다시 남프랑스에서 세계선수권대회가 개최되었을 때에야 이를 깨달았다.

## 이 위기가 나를 바꾸기 시작했다

나는 지금도 이따금씩 1998년 2월에 일어난 일이 우연이었는지, 아니면 내가 그 시점에서 무의식적으로 내 인생의 길을 완전히 다른 방향으로 가도록 전환점 삼아 방향을 틀었는지를 자문하곤 한다.

그때 우리는 하와이로 떠날 휴가를 예약하기 위해 여행사 사무실에 앉아 있었다. 당시 우리가 그런 여행을 계획한 이유는 무엇이었을까? 누가 뭐라 해도 돈이 우리를 행복하게 해 준다는 것을 확실하게 증명하기 위해서, 다시 말해, 거의 모든 것을 할 수 있을 만큼 돈이 많으면 행복해진다는 것을 보여주기 위해서? 아니면 돈으로 할 수 있는 거라면 이제 해 볼 만큼 다 해 봤으니 결국은 내가 잘못된 길로 들어섰다는 것을 보여주고 싶어 했던 것일까? 여하튼 확실한 것은 우리가 이 여행으로 대단히 요란스럽게 욕구를 충족시키려고 했다는 사실이다.

당시 우리는 텔프스로 이사한 후에 집과 사무실, 창고를 한 지붕 아래에 두려는 계획이 시시한 생각일 뿐이라는 사실을 깨달았다. 텔프스에서도 역시 물건을 둘 공간이 충분치 않아서 창고를 추가로 빌려야 했기 때문이다. 우리는 이곳에 양초와 촛대, 섣달그믐날 사용할 행운의 마스코트와 꽃병들을 쌓아 놓고 나서야 모든 것을 해냈다고 생각했다. 나의 할아버지와 할머니는 돌아가실 때까지 '호이슬로이트'로 사셨지만, 우리는 이제 '고급 빌라 로이트'가 되었으니 말이다.

우리는 휴가 역시 이렇게 호화롭게 보내고 싶었다. 그래서 여행사 사무실에 가서 상상할 수 있는 범위에서 가장 안락하게 휴가를 보낼 수 있도록 계획을 세워 달라고 부탁했다. 헬리콥터를 타고 주변을 돌아보고, 별 다섯 개 호텔에 머물면서 낮 동안에는 발을 백사장에 넣은 채 옥빛 바다를 감상하고, 저녁에는 최고의 레스토랑에서 식사를 한다. 그리고 밤이 되면 바닷소리를 들으며 잠이 든다. 아아, 천국에서의 삶이 이럴 것이다. 하지만 휴가를 마치고 다시 집으로 온 지 3주가 되었을 때, 우리는 "그 빌어먹을 여행을 괜히 갔다."고 후회했다.

사실 '천국'에 도착한 첫 순간부터 우리는 기쁨이 찌그러드는 듯한 느낌을 받았다. 우리가 만난 모든 사람이 마치 달콤한 미소를 띤 가면이라도 쓴 것처럼 가식적인 연극을 보여주었기 때문이었다. 이들에게

서 진정한 마음에서 우러나오는 인간미라고는 눈곱만큼도 찾아볼 수 없었다. “안녕하세요, 오늘은 정말 멋진 날이죠?”라고 말하면서 말이다. 하지만 그들은 분명 속으로는 ‘날도 한번 진짜 덥네. 아휴, 제기랄. 다시 또 성가신 유럽 사람이야? 영어도 제대로 못 하고.’라고 생각했을 것이다. 그들이 “정말 아름답죠!”라는 부드러운 말로 나에게 말을 건 순간부터 나는 이 사람들이 내 앞에 서 있다는 것 자체가 너무나도 불쾌해졌다. 우리는 그곳에서 3주를 보냈지만 그동안 진정성 있는 사람을 만났다는 인상은 도통 받지 못했다.

전에 우리는 이 휴가를 가장 아름다운 색깔로 상상해 보았다. 마치 할리우드 영화에서 부자와 미인들이 너무나도 행복한 시간을 보내는 것처럼 말이다. 하지만 이렇게 호텔에서 일하는 사람들이나 손님들이나 하나같이 진열장의 마네킹 같을 거라고는 전혀 상상도 못했다. 우리가 누린 호화로운 생활 또한 어떠한 기쁨도 되지 못했다. 저 멀리 펼쳐진 아름다운 푸른 바다도 허상일 뿐이라고 생각하자 공허하게 느껴졌다.

우리는 여행에서 돌아와 문을 열고 집 안으로 들어갔다. 실내는 매우 춥고 어두웠지만 우리는 그제야 이 망상에서 벗어났다는 생각에 기뻤다. “돈으로 집은 살 수 있어도, 가정은 사지 못한다. 시계는 살 수 있어도, 시간은 살 수 없다. 침대는 살 수 있어도, 잠은 잘 수 없다. 책은 살 수 있어도, 지혜는 사지 못한다. 피는 살 수 있어도 인생은 살 수 없다. 섹스는 살 수 있어도, 사랑은 사지 못한다. 지위는 살 수 있어도, 존경은 사지 못한다."라는 문구가 어쩌면 우리 여행이 왜 실패했는지를 설명해 줄 수 있을 듯하다. 여기다 한 가지 더 덧붙이자면, "돈으로 휴가는 살 수 있어도 휴식은 살 수 없다."가 될까?

우리는 얼마 후에 집에서 멀리 떨어지지 않은 곳에 있는 작은 산장에서 진정한 휴식을 찾을 수 있었다. 우리는 힘든 겨울 등산을 마친 후에 여기저기 긁힌 소박한 나무 식탁에 앉아서 사과 주스를 주문했다. 여종업원이 주스 두 잔을 식탁에 놓을 때, 잔 하나가 미끄러져서 주스가 식탁에 떨어졌다. 그녀는 쳐다보지도 않은 채 '어머나!' 하고 말하더니 우리 옷에 묻은 주스를 조심스럽게 닦아내기 시작했다. 이레네와 나는 거기에 앉아서 드디어 다시 진짜의 세계에 와 있다는 느낌을 받았다. 그 순간 내 눈이 떠졌다. 행복을 누리기 위해 그토록 거금을 들여 휴가를 갔건만 정작 진정한 행복은 힘든 여정을 마친 뒤 잠시 쉬려고 들린 오두막에서 찾지 않았는가.

그 후 며칠 뒤에 다시 짓누르는 듯한 절망의 감정이 쏟아졌다. 내가 번 돈 전부로 내가 그토록 고통스럽게 갈망하는 만족감과 행복함을 살 수 없다면, 지금껏 살아온 인생은 무슨 의미가 있을까? 나는 이때를 감정적으로 가장 위태로운 상태라고 느꼈다. 말 그대로 '위태로웠다.' 그리고 이 위기가 비로소 나를 바꾸기 시작했다.

내가 중남미에서 경험한 사람들은 보잘것없는 형편이면서 옷도 단출했지만 진정 행복해 보였다. 나는 거의 미라에 가까운 사람들로 가득한 프랑크푸르트 공항에 서 있을 때보다 그들 사회 속에서 훨씬 더 행복을 느꼈다. 만약 이들이 중남미에서 소위 불행하고 가난한 사람들이라면, 나도 기꺼이 가난해지겠다고 생각했다. …… 그렇지만 이렇게 깨달음은 명쾌했지만 이것을 일상에 그대로 접목시키는 일은 무척 힘들었다. 수십 년간 내 속에서 자라온 가치관은 내가 오늘내일 안에 넘어서기에는 너무나 깊이 뿌리내리고 있었던 것이다. 그래서 나는 지금까지의 나의 삶을 단칼로 베는 대신에 이를 체계적으로 조금씩 버리기 시작했다.

# 이별

내가 먼저 이레네를 떠나려고 했던 것일까? 아니었을 것이다. 어찌되었던 간에 우리는 친구들 사이에서 환상의 커플로 유명했다. 우린 대부분 항상 기분이 좋았으며, 서로 조화로운 관계를 유지하면서 같이 일하는 회사에서도 완벽하게 서로를 보완해줬다. 남들이 보기에 우리는 사람들이 원하는 모든 것을 다 가진 사람들 같았다. 우리 역시 모든 것이 다 괜찮다고 생각했다. 따라서 결혼식을 올린 후의 계획은 가족을 만드는 일이었다.

그러나 우리는 이것을 이루지 못했다. 이레네는 계속 피임약을 복용했고 나 역시 그녀가 더 이상 피임하지 않도록 다그치지도 않았다. 우리는 같이 살면서 결혼이 어떤 새로운 시작이 아니라, 오래된 것의 끝이라는 것을 막연하게나마 느꼈다. 그럼에도 불구하고 이레네가 어느 날 다른 남자를 사랑하게 되었다고 고백했을 때 나는 큰 충격을 받았다. 이 사실을 어떻게 받아들여야 할지 알 수가 없었다.

지금에 와서 생각해 보면 이레네가 우리 둘을 위해서 달리할 수 있는 일은 없었을 것이다. 이건 마치 운명의 선물과도 같다. 누군가 다른 사람을 위해 준비하지만 정작 열어보면 문제로 바뀌어 있는 그런 선물 말이다. 관건은 이 선물을 받는 우리가 그 안에 숨겨진 선물을 찾기 위해 문제를 풀 준비가 되어있느냐는 것이다.

우리 사이의 균열은 이미 오래전에 시작되었다. 언제부터인가 더는 멈출 수 없는 무언가가 움직이기 시작했다. 우리는 이제 무엇을 위해서 매일 아침 눈을 뜨는지 알지 못했다. 우리가 힘들게 얻은 자유는 내용물이 빠진 빈껍데기에 지나지 않았고, 우리가 번 많은 돈은 그 공허함을 더 이상 채워주지 못했다. 오늘날 많은 이가 자신이 날마다 하는 일이 무의미하게 느껴지는 유쾌하지 못한 경험을 한다. 나와 이레네의 삶 또한 이들과 다를 바 없었다. 그래서 마음이 몹시 무거웠다.

## 가슴이 하는 말을 들어라

많은 사람이 행복하지 못한 삶을 산다. 하지만 대부분은 이렇게 위로한다. "이렇게 사는 게 썩 마음에 들진 않지만 나쁘지도 않잖아?" 그런 생각으로 현실에 안주하는 것이다. 하지만 이것은 정치인과 기업가들이 의도적으로 우리에게 주입한 잘못된 믿음이다. 그들은 "네 삶은 그렇게 나쁜 게 아니야."라고 믿게 하려고 다양한 수단을 활용한다. 우선, 더 형편없이 살아가는 다른 사람들의 모습을 보여준다. 텔레비전에 나오는 재해나 범죄, 사고에 대한 뉴스를 보면 이것을 알 수 있다. 표면적으로는 우리에게 정보를 주려는 것 같지만, 사실은 모든 것이 더 나빠질 수도 있다는 두려움을 심는 것이기도 하다.

다음으로는, 대리만족할 수 있는 방편을 제공한다. 꿈같은 여행, 자동차, 심지어 식료품까지 자칭 우리를 행복하게 만들어 주는 것들을 보여준다. 그리고 텔레비전은 저녁마다 낭만적인 영화를 틀어 준다. 이렇게 사람들은 천천히 눈치채지 못한 채 쉽사리 채울 수 있는 정체성에 만족해버리기 때문에, 자기 존재 너머의 엄청난 진실에는 눈을 뜨지 못하는 것이다. 사람들은 다른 사람이 "이게 진짜 멋진 삶이야." 라고 말해 주는 대로 살아가게 된다.

하지만 사람들이 이것을 느끼지 못한다고 언제까지나 속일 수 있는 것은 아니다. 이들은 이런 삶을 사느라 정작 자신들이 원하는 것을 놓치고 있다는 사실을 어렴풋하게나마 알고 있다. 결국 언젠가는 이것을 알아차리는 사람이 나오기 마련이다. 나처럼 말이다.

하지만 아직도 많은 사람들은 이 느낌을 인정하고 싶어 하지 않는다. 더군다나 월요일 아침에 쓰린 속을 끌어안고 머리는 다 헝클어진 채 일하러 가는 사람은 자기가 왜 이렇게 살아야 하는지 오랫동안 생각할 여유가 없다. 그는 기껏해야 자기가 이 직장을 때려치우지 말아야 할 이유나 찾으려 들 것이다. 마음은 오래전부터 '이젠 집어치우자. 그것도 당장 말이야!'라고 말하지만, 머리는 그 마음을 누그러뜨리면서 "어이, 진정해. 너는 직장도 괜찮고 수입도 규칙적으로 들어오잖아. 그렇게 나쁜 것은 아니잖아?"라고 말한다.

이처럼 우리 시대의 큰 문제 중 하나는 대부분의 사람들이 자기 머리를 너무 믿으며, 이성에 너무 큰 권력을 부여한다는 사실에 있다. 이들은 이성이 속삭이는 것에만 귀를 기울이고, 사회에서 보편적으로 통하는 가치만이 중요하다고 생각한다.

예를 들면 내세울 만한 재산, 돈, 권력, 영향력이 여기 속한다. 이렇게 자신과 동일시할 수 없는 목표들에 오랜 시간 공을 들이다가 어느 날 문득 우선순위가 잘못되었다는 것을 깨닫게 되는 것이다. 하지만 이들은 스스로를, 그리고 자기 머리에 의구심을 보내는 것을 두려워한다. 이렇게 하면 결과적으로 자신들이 너무나 오랫동안 잘못된 것을 쫓고 있었음을 인정해야 하기 때문이다.

그런데 규정이랍시고 철저하게 지키면서 (실상은 자기 것이 아닌) 인생을 보낸 사람들에게 남는 것은 무엇일까? 슬프게도 아무것도 없다. 이들은 처음부터 다시 시작해야 한다. 이 일은 힘들고 고달픈 일이다. 몇 년이 걸릴 수도 있다. 그리고 늦게 시작하면 할수록, 이것을 극복할 수 있는 가능성은 점점 더 희박해진다. 이때의 느낌이란 마치 마라톤 코스를 절반 뛰고 나서 자기가 잘못된 방향으로 갔다는 것을 깨달은 마라톤 주자와 같다. 그런데 이 사람한테 아직 출발점으로 다시 돌아가서 다른 방향으로 접어들 수 있도록 정신을 가다듬을 수 있는 능력이 있을까?

사람들은 이렇게 끔찍한 일을 두려워한다. 나도 이해한다. 여러 해 동안 나 역시 이렇게 보냈기 때문이다. 머리는 내 마음에 몇 번이고 그냥 가만히 있으라고 설득해왔다. 마음이 더는 기다릴 수 없게 될 때까지 말이다. 하지만 이제는 마음이 조종간을 잡고 있다.

나는 자신만이 아니라 다른 사람을 위해 살아갈 길을 하나 찾는다면 이런 무의미함을 충분히 극복할 수 있을 거라 보았다. 나는 그들에게 단순히 행운의 부적이 아닌 참된 행복을 가져다주고 싶었다. 그쯤에 나는 글라이더를 타기 위해 다시 남아메리카와 칠레 혹은 아르헨티나로 자주 여행을 갔다. 이곳에서는 하와이로 떠났던 여행과는 달리 종종 원주민들과 접할 기회가 많았다. 나는 특히 더 가난한 사람들이 있는 곳에 관심을 가졌다.

잠깐 다른 이야기를 하겠다. 한번은 대단한 행운을 누린 적이 있는데, 바로 글라이더 비행 사상 가장 긴 경로를 날았다는 특별한 세계신기록이 세워진 순간에 부조종사 자리에 앉아 있었던 것이다. 나는 클라우스 올만이라는 독일 사람과 함께 2인승 글라이더를 타고 2003년 1월 21일에 3천 9킬로미터를 날았다.

클라우스는 이미 많은 세계신기록을 세운 적이 있는 천부적인 비행사였다. 그래서 사실 내가 그날 했던 실제 임무는 그의 정신 코치를 해 주고 서둘러 내려야 할 때 그 결정에 도움을 주고 여기에 힘을 실어주는 것이었다.

클라우스와 나는 매우 호흡이 잘 맞는 팀이었다. 나는 단순히 제때에 제 곳에 있기만 하면 됐다. 그날 뉴질랜드에서 경험했던 것과 비슷한 파도형 기류가 불었다. 우리는 총 15시간 동안 하늘에 떠 있었는데, 도중에 날씨 때문에 몇 번이나 우리 목적지에 도달하지 못할 거라고 생각했었다. 하지만 결국 우리는 해냈다.

비행기에서 내렸을 때 우리는 짧게 손뼉을 치며 무언가 먹으러 갔다. 뉴질랜드에서 내가 세웠던 세계기록과는 달리 이것은 다른 누군가가 깰 수도 있는 기록이었지만 지금까지 아무도 이것보다 좋은 기록을 세우지 못했다.

## 행복은 어디에 있는가

소위 저개발국가라는 곳에서 머물고 난 뒤, 나는 우리 사회가 작동하는 데 바탕이 되는 규칙들에 대해 점점 더 깊은 의문을 제기했다. "잠깐만. 우리가 항상 배워왔던 이론이 맞다면, 이 사람들은 가난하기 때문에 불행해야 하는데?"라는 생각이 들었다. 하지만 현실은 달랐다. 이곳에 사는 사람들의 얼굴은 웃음으로 가득하고 환하게 빛이 났으며, 그들의 눈은 삶에 대한 기쁨으로 반짝였다. 이런 사람들을 본 후에 런던 히드로 공항이나 프랑크푸르트 공항에 도착하면, 나는 매번 이곳에 무슨 테러공격이나 독가스 사고, 혹은 그와 비슷한 것이 일어났던 것은 아닌가 하는 느낌을 받았다.

한번은 실제로 창구에서 일하던 남자에게 물은 적도 있었다.

"실례지만, 여기서 무언가 내가 모르는 특별한 일이 있었습니까?"

그는 다급한 마음으로 대꾸했다.

"왜 그러십니까? 무슨 일이 있었다는 겁니까?"

"진정하시고요. 그저 무슨 일이 혹시 있나 해서요. 무언가 슬픈 일이나 재난 같은 것, 이런 거 말이에요."

"왜 그러시는데요?"

"아니, 사람들 모두 너무나 불행하니 안색이 창백해 보여서요."

그러자 그는 우선 할 말을 잃었다. 그리고는 금세 “아니오, 다 괜찮습니다.”라고 말했다.

그 순간 나는 다음과 같은 사실을 발견했다. 우리 체계 전체는 이렇게 돌아가고 있다. 우리는 자본주의의 규칙을 지키면 필연적으로 행복한 삶을 찾게 된다고, 그렇게 달콤한 말로 자신을 설득한다. 이 원리에 의하면 우리는 돈과 행복 중 하나를 더 많이 가지면 가질수록 다른 것도 더 많이 갖게 된다는, 돈과 행복의 상관관계가 존재한다. 하지만 이 말이 맞는다면 사람들의 눈과 얼굴로 그 결과가 나타나야 한다. 그러나 입꼬리가 아래로 축 늘어지고 눈이 멍한 사람들을 보면 절대 행복한 상태라고 생각되지 않는다. 자신은 행복하다고 수백 번도 더 믿으면서 얼굴에서 웃음을 짜내려고 애쓴다고 하더라도 말이다.

이와는 반대로 내가 중남미에서 경험한 사람들은 보잘것없는 형편이면서 옷도 단출했지만 진정 행복해 보였다. 나는 거의 미라에 가까운 사람들로 가득한 프랑크푸르트 공항에 서 있을 때보다 그 사회 속에서 훨씬 더 행복을 느꼈다. 만약 이들이 중남미에서 소위 불행하고 가난한 사람들이라면, 나도 기꺼이 가난해지겠다고 생각했다.

그렇지만 이렇게 깨달음은 명쾌했지만 이것을 일상에 그대로 접목시키는 일은 무척 힘들었다. 수십 년간 내 속에서 자라온 가치관은 내가 오늘내일 안에 넘어서기에는 너무나 깊이 뿌리내리고 있었던 것이다. 그래서 나는 지금까지의 나의 삶을 단칼로 베는 대신에 이를 체계적으로 조금씩 버리기 시작했다. 이 일은 석면으로 오염된 건축자재로 만들어진 건물을 단추 하나를 눌러서 한 번에 폭발시키는 것이 아니라, 천천히 허물어뜨리는 것과 같은 원리였다.

나는 살아오면서 발전시킨 사고와 아이디어, 확신 등을 하나하나 전부 검토하면서 이들을 계속 유지할 것인지 아니면 버릴 것인지를 자문했다. 이런 절차가 몇 주 안에 끝나지는 않을 것을 알고 있었다. 하지만 나는 시간을 들이고 싶었다. 그러면서 꽃병과 양초, 섣달그믐날의 행운의 부적으로 둘러싸인 예전 삶도 계속 유지하고 싶었다. 내 삶이 그 후에 만족스러워질 것이라는 희망 때문에 어느 정도는 이중생활을 해야 한다는 노력이 보상을 받을 수 있었다.

이런 때에 나를 도와준 것은 정신적으로 성과를 높이기 위해 적용했던 방법들이었다. 언젠가 나는 명상을 하면서 불교의 가르침을 접하게 되었다. 무엇보다 불교의 비종교적인 면에 관심이 갔다. 즉, "행복한 삶을 살려면 무엇이 필요한가? 자신에게로 향하는 길을 어떻게 찾을 수 있나? 수백 년이나 지난 옛 지혜가 어떻게 현대 사회에 적용될 수 있을까?"와 같은 삶의 근본적인 질문을 다루고 있다는 사실이 흥미로웠다.

예를 들어, 선불교에서는 무소유의 상태에 대한 가르침이 있다. 몇 년 전이었더라면, 자기가 가진 것을 버림으로써 가벼움을 찾는 사람을 두고는, 너무 쉽게 믿어버리는 것은 아니냐며 눈물이 쏙 빠질 정도로 비웃어댔을 것이다.

그러나 지금 나는 이 뜻이 정말로 무엇을 의미하는지 조금씩 이해하기 시작했다. 많은 것을 소유한 자는 무엇보다도 자기의 재산을 지키거나 늘리기 위해 머리를 싸매고 매진한다. 그러나 이 와중에 다른 사람들과의 관계나 혹은 자기 존재와 행동이 지니는 의미를 찾는 것과 같이 실제로 우리의 가치를 높이고 행복으로 이끄는 진정한 재산은 허비하기 마련이다.

이것과 깊이 연관된 깨달음이 바로 현재에 살려고 노력하는 자만이 행복해진다는 것이다. 고백하건대 그때까지 나는 항상 다른 곳에, 그리고 내일 일에 매달려 있었다. 도전적인 문제들이 있더라도 그것을 해결할 때까지만 흥미로웠고, 곧바로 다음 문제에 도전했다. 회사의 발전 문제에 관해서도 미래를 위한 발전가능성을 읽어낼 수 있을 때만 만족했다.

나는 현재에 결코 만족하지 못하고 돈과 시간에 헐떡이면서, 먼 미래에는 아마 이 끝없는 달리기가 끝나겠거니 하는 희망을 품으며 계속 뒤쫓아 달렸다. 당연한 일이지만, 이것을 스스로 깨닫지 못하는데 자동으로 이 질주가 끝나지는 않는다. 현재를 살아가려면 매 순간 의식하면서 경험할 준비가 되어 있어야 한다. 즉, 멍청하게 흘러가는 대로 두지 않고 의미 없이 주의를 다른 곳으로 돌려서 시간을 허비하지 않도록 준비해야 한다.

## 깨어진 관계

이레네와 나 사이에는 제대로 깨닫지도 못한 채 생겨버려 더 이상 피할 수 없는 균열이 커져갔다. 그래도 회사는 잘 돌아갔고 나는 청소년 국가대표팀을 돌보는 일을 넘겨받으면서 글라이더 비행과 관련된 일을 하였다(후에 코치와 트레이너가 되었다). 이레네는 그녀대로 취미 생활을 하면서 시간을 보냈다. 2003년 청소년 팀이 프랑스에서 전지훈련을 하기로 확정했을 때, 나는 이레네에게 그곳까지 가는 것은 쓸데없는 일이라고 말했다. 여기에 따라오는 대신 그녀가 무언가 좋은 시간을 보내야 될 것 같았다. 그래서 그녀는 혼자 잠수를 하러 휴가를 떠났다. 그러고선 그녀는 더 이상 부부의 연을 이어가고 싶지 않다는 마음으로 다시 내 앞에 나타났다.

우리가 좋든 싫든 함께 머물겠다는 내용이 담긴 혼인 서약이 어떤 것도 보증할 수 없다는 것은 처음부터 정해져 있던 일이었다. 생의 마지막 날까지 함께 있어 주겠다는 꿈은 나에게 있어서 거의 바꿀 수 없는 착각이었다.

관계를 맺기로 결심한 두 사람은 마주치는 그 순간 마치 나란히 뻗어있는 두 개의 선로와 같다. 이 선로들은 우리가 바라다볼 수 있는 가까운 데까지는 아직 나란히 서 있는 것처럼 보인다. 하지만 멀찍이 떨어져 있는 곳에서도 여전히 평행하게 놓여있을지 아니면 다른 방향으로 갈라져서 뻗어갈지는 아무도 알 수 없다. 우리가 10년 뒤에 어디에 서 있을지 오늘 알 수 있는 사람은 아무도 없다. 이레네와 나는 이 사실을 잘 알고 있었다. 우리는 다시 헤어질 수 있다는 것을 알면서도 결혼했다는 것을 늘 잊지 않고 있었다.

영원을 약속한다는 것은 자기 스스로에게도, 상대방에게도 정말 공정하지 못한 일이다. 언젠가 더 이상 잘 맞지 않으면서도 이 서약을 굳이 지키려는 것은 끔찍한 일이라고 생각한다. 이것은 자신과 상대방을 커다란 불만족 속에서 괴롭히는 일이다. 나는 몇 년의 위기를 넘긴 뒤에 다시 재결합하면서 비로소 상대방이 바로 내 인생의 동반자라는 것을 깨닫는 부부들을 보면 정말 놀랍다. 그러나 다른 한 편으로는 그러한 위기를 겪고 나서 자신들이 더 이상 맞지 않는다고 인정하면서도 단지 이렇게 지내는 것이 편하기 때문에 계속 함께 지내는 사람들을 보면 그것 역시 수수께끼 같다.

전지훈련이 끝나고 돌아왔을 때, 이레네가 기차역으로 마중 나왔다. 그때 그녀뿐 아니라, 나 역시 우리가 새로운 길을 가야 함을 깨달았다. 나는 그 일을 아직도 생생하게 기억한다. 그날 저녁에 나는 그녀와 함께 좋은 곳에서 식사하기로 했다. 그리고 우리의 멋진 저녁 식사를 위해 내가 평소에 무척 좋아했던 원피스를 입어달라고 이야기했다. 하지만 전화 통화를 할 때부터 낌새가 이상했다. 원피스 이야기를 꺼냈을 때도 그녀는 시큰둥한 반응을 보였다. 그리고 나중에 자동차에 올라탔을 때 그녀는 내가 부탁했던 그 옷을 입고 있지 않았다. 그때 난 무언가 잘못되었다는 것을 단번에 알아차렸다.

이레네는 다른 사람을 새로 알게 되었다는 말을 꺼내고는 나와 헤어지고 싶다고 했다. 그 일이 있고 나서 몇 주 동안 나는 매우 괴로웠다. 여태까지의 우리 관계가 만족스럽고 풍요로웠다고 생각해서가 아니라, 상처 입은 자존심과 미래에 대한 두려움이 교차했기 때문이었다. 어떻게 나처럼 멋있고 성공한 남자를 다른 사람과 바꿀 수 있다는말인가? 하지만 지금 생각해 보면 이레네는 오랫동안 앓고 있던 내면의 공허함에서 도망칠 준비가 둘 중에 먼저 되어 있었던 것뿐이었다.

나는 이별 때문에 심한 위기감에 빠져들었다. 마치 가는 곳마다 검은 먹구름이 나를 따라다니는 느낌이었다. 욕실에도, 사무실에도, 심지어는 글라이더로 비행할 때도 마찬가지였다.

이레네와 나는 그 후에도 얼마간 같은 집에서 지냈다. 나는 우리가 함께 썼던 침실에서 혼자 자고, 이레네는 한 층 아래 있던 그녀의 사무실에서 잤다. 회사일 하는 데에는 아무 지장이 없었다. 일 문제에 있어서도 이전과 변함없이 대해 주었다. 그럼에도 나는 자신이 거대하고 낯선 곳으로 떨어졌다는 사실을 알아차렸고, 이것이 내게는 너무나 고통스러웠다.

내 결혼 생활이 펄쩍펄쩍 뛰어다닐 만큼 좋지는 않았지만, 적어도 다시없을 만큼 익숙하고 편안한 생활이긴 했다. 그 정도로 이레네는 자상한 여인이었다. 그랬던 그녀가 지금 나를 오랫동안 아늑하게 덮어 주었던 따뜻한 담요를 걷어낸 것이다.

그러나 사람들로 하여금 직장이라는 구속을 쉽게 벗어던지지 못하게 하는 원리가 이렇듯 사람 사이의 관계에서도 똑같이 작용한다는 사실을 깨닫자, 이 이별은 비로소 나에게 하나의 선물로 다가왔다. 사람들은 '불확실한 자유'에 자신들을 내맡기는 것보다 차라리 '확실한 부자유'를 더 좋아하고 받아들인다. 사람들은 어떤 것이 실제로 행복하게 해 주지 않는다고 해도 무언가 확실하다면 차라리 이것을 쥐려고 하는 것이다.

## 다른 사랑

모든 이별은 큰 고통과 함께 찾아온다. 양쪽 다 그랬든 아니면 한쪽뿐이었든 아픔 없이 누군가와 헤어진 적이 없었다. 만약 이전에 사랑했던 두 사람이 떠난다면 누가 어떤 이유에서 다른 사람을 떠났는지에 상관없이 두 사람 모두가 슬퍼진다. 이것은 예전에 사랑했던 사람을 잃는 것뿐만 아니라, 함께 웃고, 울고, 아침에 같이 앉아서 밥을 먹고 저녁이면 같이 텔레비전을 봤던 좋은 친구를 잃게 되기 때문이다. 이런 슬픔을 극복하고 정신과 영혼을 다시 가다듬기까지는 어느 정도 시간이 걸린다.

내 경우에는 다행히 3개월 정도밖에 걸리지 않았다. 그때 나는 루시를 알게 되었다. 그녀는 나에게 사랑이 얼마나 열정적이고 만족감을 줄 수 있는지 가르쳐 주었다. 뻔한 이야기지만 그녀 역시 비행을 통해 내 인생으로 들어왔다. 지난 청소년 팀 전지훈련이 있는 동안 나는 한 여자를 알게 되었다. 그녀는 체코에서 곧 개최될 여자 세계선수권대회를 준비하며 훈련하고 있었다. 나는 그녀의 훈련 비행 모습을 보고 그녀가 우승을 차지할 것이라고 확신했다. 그래서 세계선수권대회 마지막 날에 그녀를 축하해 주려고 체코로 날아가기로 결심했다.

하지만 나를 체코의 이흘라바Jihlava로 마력적으로 끌어당긴 것이 또

한 가지 있었는데, 이것이 무엇이었는지는 당시에는 알 수 없었다. 자동차에 앉아서 내가 왜 정말 거기까지 가야 하는지를 스스로에게 물었다. 나는 마음이 하는 말에 귀를 기울이고 어떤 신호가 울리는지 여러 가능성을 나열해 보았다. "내가 이 선수에 반한 것일까?" 아무 신호도 없었다. 그녀는 매우 멋있는 여자였지만, 그럼에도 단순히 친구로 사귈 가능성도 거의 없었다. "그렇다면 단순히 정말 그녀를 축하해주러 가는 것일까?" 꼭 그렇지만도 않다. 나를 정말 강하게 잡아당기는 그것이 대체 무엇일까?

오후 4시에 비행장에 도착했다. 팀원 전체가 진을 치고 있는 곳을 지나 그 여자 선수를 찾으러 가는 길에 캠핑카 앞 휴대용 침대 의자 위에 누워 있는 한 여자를 보았다. 속으로는 '와우!' 했지만 얼마 뒤에 한 남자가 캠핑카에서 나오는 것을 보고 "아, 그러면 그렇지!"하고 지나쳤다. 저녁때 일본 출신의 친구들과 송별회를 하는 자리에서는 스스로 이상하다고 생각할 정도였다. '쓸데없는 짓거리를 했구나. 그렇게 먼 거리를 달려왔는데, 무언가 중요한 것 같다고 느꼈던 것은 아무것도 없잖아.' 순간, 나는 내가 오후에 봤던 캠핑카 앞에 누워 있던 그 여자의 시선을 느꼈다. 그녀 옆에 있던 남자는 남편이 아니라, 다른 비행등급에서 우승한 선수의 남편이며, 그녀는 그 우승자의 조수라는 것을 알았다.

송별파티는 어느덧 한창 절정에 올랐는데, 비가 내리기 시작했다. 그러자 밴드는 연주를 멈췄다. 우리라도 대신 뛰어들기로 했다. 그래서 몇몇 여조종사들과 그 조수들, 그리고 내가 연주를 시작했다. 한 명이 기타를 연주하고, 아르헨티나에서 온 여자 몇 명은 거기에 맞춰 노래를 부르고, 나는 냄비 드럼을 두드렸다. 미친 듯이 놀고 춤추며 한 시간을 보냈다. 우리가 단란함과는 거리가 멀고 무안할 정도로 엉망이었기 때문에 '청중'이라고 표현하기는 좀 그렇지만, 아무튼 그들 중 누군가 나를 쳐다보고 있음을 느꼈다. 바로 그녀였다. 그녀는 내 앞에서 30미터는 족히 떨어진 곳에 서 있었다. 나는 그녀를 보면서 양 집게손가락으로 내 쪽으로 오라는 표시를 했다.

나는 우선 춤을 청한 다음, 춤이 끝나고 나서 대화를 나누었다. 그녀는 유창하게 체코어를 구사하고 러시아어도 굉장히 잘하는 반면에 영어는 심할 정도로 못했고 독일어도 거의 마찬가지였다. 그래서 대화를 나누는 일이 힘들었지만 그럼에도 서로의 옆에 찰싹 붙어 있었다. 우리 사이에는 만난 순간부터 말이 필요 없을 정도로 서로를 끌어당기는 힘이 존재했다. 각자가 완벽해지기 위해 필요한 무언가를 상대에게서 찾은 느낌이었다.

내가 다른 여자와 사랑에 빠졌다는 이야기를 하자, 이레네는 안도의 한숨을 쉬었다. 그 이후로 우리는 서로 함께했던 시간 동안 그렇게 지내왔던 것처럼 다시 '남매 사이'로 돌아갔다. 이레네는 여전히 내 인생에서 결코 포기하고 싶지 않은 중요한 사람으로 남아 있다.

루시는 당시 열한 살이던 딸과 함께 프라하 근처에 살면서 세무사 사무실을 경영하고 있었다. 딸의 이름은 바르보라인데 후에 우리는 그 애를 밥시라고 불렀다. 나는 코치의 자격으로 슬로바키아에서 열리는 세계청소년선수권대회를 위해 가는 중이었는데, 이때 루시를 다시 만나기 위해 프라하에 들렀다. 정확히 말하자면 굉장히 먼 길을 돌아서 가는 셈이었다. 하지만 루시를 다시 보기 위해서라면, 아마 함부르크가 티롤에서 슬로바키아에 가는 길 중간에 놓여 있다고도 주장했을 것이다. 어쨌든 우리는 둘이서 매우 아름다운 하룻밤을 보냈다.

그녀는 다음 날 나에게 자기 딸을 소개시켜 주었다. 그녀의 딸과 잘 지내는 일은 무척 중요했다. 나는 밥시를 만나자마자 유대감을 느꼈다. 이것으로 엄마가 주저했던 중요한 장애가 사라진 셈이었다. 그녀의 딸과 내가 서로 이해를 하지 못했더라면, 이것으로 우리의 관계 역시 불가능했을 것이다. 하지만 이 짧은 여행으로 텔프스에 사는 나와 멀리 떨어진 곳의 프라하 옆에 위치한 작은 마을에 사는 두 모녀간에는 마법과 같은 관계가 시작되었다.

처음에는 내 의지가 반대하는 것도 없지 않았지만, 이것으로 반년 만에 내 삶을 누르던 커다란 짐이 사라졌다. 나는 이레네와의 관계를 일찍 마무리해야만 했다는 것을 잘 알았다. 누군가의 행복을 방해하는 것으로부터 자유롭게 해 주면 그는 비로소 행복해진다. 이런 것은 시간이 가면 변하기 마련이다. 한때는 무척 중요했는데 때가 되면 그냥 지나가는 것이라고 생각되는 것들이 많다. 여기에는 많은 것들이 포함된다. 예를 들어, 교육, 학교, 친구, 직업 등 뭐가 되었든지 외부로부터 얻은 것들은 죄다 여기 해당된다. 인생은 영원한 움직임 속에 있기 때문이다.

인생에서 유일하게 변치 않는 것이 있다면, 그건 바로 만물이 변한다는 사실일 것이다. 이 말은 무엇인가 한번 의미를 지녔던 것에 끈질기게 매달리면 우리가 불행해질 수도 있다는 뜻을 함축하고 있다. 훗날에 무슨 일이 일어날지 모른 채 한 관계에 매달렸던 나처럼 말이다. 이것은 나 자신과의 관계에 있어서도 그대로 통한다.

이렇게 해서 할아버지와 할머니가 레온딩의 집 정원에서 시작해 뿌리를 내렸던 회사는 2004년 가을이 되었을 때, 티롤에서 다른 사람의 손에 넘겨졌다. 그런데 내 마음은 의외로 차분했다. 좋은 의도에서 매각을 결정했기 때문이 아닐까 싶다. 루시와 나는 지금부터 인생을 즐기고 의미 깊은 일들을 하기로 마음먹었다. 나는 이 단계를 조기 은퇴라고 여겼다. 그때 내 나이 겨우 마흔둘이었고, 새로운 인생의 단계에서 출발점에 서 있었다.

# Chapter 10 매각

내 인생은 루시와 함께 보낸 시간으로 머리에서 발끝까지 한순간에 변했다. 어쩌면 머리가 아닌 마음으로 결정을 내릴 수 있게 되었다고 할 수 있겠다. 그녀의 원기 왕성함과 실천력, 그리고 결단력은 내 속에 있던 엔진에 불을 지펴대는 장작 같았다.

그녀를 만나기 전까지의 내 인생이 완벽하게 정리정돈된 상태로 거침없다 싶을 정도로 무난하게 흘러갔다면, 그녀를 만난 후에는 짧은 시간 안에 불같은 모험으로 바뀌었다. 사실 바뀐 거라고는 무엇이건 오래 생각하지 않고, 다른 사람들이 어떻게 생각하는지도 상관치 않으면서 느낌에 따라 행동하는 한 여인과 함께 지낸 것뿐이었다. 하지만 이것이 마치 터보 엔진으로 엔진을 바꿔 낀 것처럼 내 인생길에 변화를 가져왔다.

## 새로운 친밀함

우리가 함께 보낸 첫날밤도 역시 이처럼 지나갔다. 내가 프라하에서 잠시 머문 뒤에 우리는 일주일 후에 루시가 사는 곳과 세계청소년선수권대회 개최 장소의 중간에 놓인 브륀Brünn이라는 곳에서 다시 만나 산책도 하고 저녁 식사도 함께하자는 약속을 했다. 대회가 끝난 후에 슬로바키아에서 함께 며칠을 보내고 싶어 했기 때문이다.

그런데 이 두 가지 일을 처리하면서 잠자리를 어떻게 준비해야 할지에 대한 생각 때문에 나는 고민에 빠졌다. 나는 그녀에게 각자 싱글룸을 예약해야 할지 아니면 둘이 더블룸 하나를 써도 될지를 조심스럽게 물어보았다.

"그냥 너를 팔에 안고 쓰다듬어주고 싶어." 나는 그녀에게 이렇게 말했다. 나중에 루시가 들려준 말인데, 그녀는 이 이야기를 듣고 약간 혼란스러웠다고 했다. '뭐라고, 세상에! 이 남자 뭐가 잘못된 것 아니야?' 하지만 나는 그런 방식으로 그녀를 받아들이고 싶었던 것뿐이다. 그날 밤에 일어날 수 있는 다른 일은 추가로 따라오는 선물이라고 생각했었다.

하지만 그녀는 브륀에서 자기를 단지 '팔에 안고만 싶어 하는' 이 남자가 도대체 제대로 된 사람인지를 알고 싶어 했다. 나는 이렇게 하는 것이 지극히 당연하다고 생각했는데 말이다.

우리는 오스트리아와 헝가리 황실 시대 때 지어진 멋진 호텔에서 처음으로 둘이 함께 밤을 보냈다. 그런데 그 호텔은 브뤈에서 가장 교통이 번잡한 거리에 있었다. 그녀는 신선한 공기가 들어오는 곳에서만 잠을 잘 수 있었기 때문에 창문을 열어 놓고 자러 들어갔다. 그 덕분에 나는 소음에 시달려 밤새 잠들지 못했다. 그 여파로 다음 날 아침에도 피곤에 절었지만, 그럼에도 불구하고 그녀와 행복하게 작별 인사를 나눌 때 내 얼굴에는 사랑에 빠진 미소가 피어올랐다.

성생활은 나와 상대방이 서로에게 주는 가장 친밀한 선물이라고 생각한다. 나이가 들어서도 사람들은 여기에 큰 관심이 있다. 이것을 포기하는 것은 마치, “눈은 있지만, 보면 안 돼!”라고 말하는 것과 같다. 하지만 나에게 있어서 성생활의 의미는 조금 다르다. 두 사람이 서로를 만지면서 자꾸만 자기 욕구를 채우는 것만 생각하거나 혹은 상대방의 욕구를 채워주는 것에만 관심을 두지 않을 때만 진정 그 의미가 통했다고 말할 수 있다.

여기에서도 역시 종종 소비와 성취원리가 적용된다. 섹스를 하는 동안 단지 무엇인가를 이루겠다는 생각에만 집중하는 사람은 몸이 긴장되고 실제로는 관심과 친밀함, 연합과 같은 부분이 중요하다는 사실을 잊게 된다.

그와는 반대로 현재에 머물러 있으려는 사람은 진정한 만족을 경험한다. 루시와 내가 처음 함께한 그날 밤처럼 말이다. 그것은 마치 천국이 어떻게 생겼는지를 잠깐 구경하고 온 듯한 느낌이었다.

우리는 그 이듬해 여름에 이탈리아에서 열린 글라이더 대회로 인해 2주를 그곳에서 보냈다. 나는 연습 훈련 비행을 하면서 처음으로 루시에게 조종을 맡겼는데, 이미 이때에도 그녀는 자신의 최고 실력을 선보였다.

우리는 국가대표팀의 한 동료와 함께 비행했는데 그는 우리 옆에서 1인승 글라이더를 조종했다. 루시는 이때까지 한 번도 스스로 조종을 해본 적이 없었다. 그런 터라 그녀가 상승기류 속에서 조종간을 잡았을 때 나는 더욱더 큰 감명을 받았다.

마치 그녀는 사는 동안 조종 외에는 다른 일은 안 했던 사람처럼 모든 것을 통제하면서 비행기로 완벽한 원을 그리며 위로 올라갔다. 우리는 팀 동료를 간단히 제치고 상승했다. 그때 동료가 무전기로 말을 건네 왔다. "카를, 진짜 잘 올라가는데!"

"잘 올라간 것은 맞지. 하지만 내가 아니고 루시야."

글라이더를 한 번도 타보지 않은 사람이 대표 팀 일원을 간단히 따돌리고 위로 올라간 것 때문에 그는 틀림없이 큰 충격을 받았을 것이다.

그 후에 나는 '어라, 세상이 완전히 다르게 돌아가네?'라고 생각했다. 나 역시 그녀가 했던 것처럼 어딘가에 구애받지 않고 자유롭게 비행기를 몰았고, 그 결과 월등한 성적으로 우승을 차지했다.

우리는 밤이건 낮이건 이탈리아에서 그냥 하루하루를 즐겼다. 우리는 대회를 철저히 즐겼고, 대회가 아니더라도 충분히 즐거웠다. 낮에는 여러 부조종사들과 함께 2인승 글라이더에 올라 시합을 벌였고, 저녁에는 루시와 함께 시내를 유유히 걸으며 멋진 이탈리아 음식과 달콤한 아이스크림을 즐겼다. 표현할 수 없을 만큼 아름다운 시간이었다.

어떤 의미에서 루시는 내 마음을 하늘 높이 붕 띄워놨다. 그녀는 오랫동안 망설이는 타입이 아니었다. 우리가 송별파티의 냄비 드럼을 미친 듯이 칠 때, 만난 후 반년도 채 되지 않았을 무렵이었는데도 그녀는 체코에서의 생활을 접고 티롤로 이사 올 결심을 했다.

루시는 딸과 함께 독일어 어학 강좌를 수강하고 세무사 사무실을 넘겨받을 사람을 구했다. 밥시가 우선은 아직 학교를 끝마쳐야 했기 때문에, 이 둘이 체코의 집을 완전히 정리하고 우리 집으로 온 것은 그다음 해 여름이었다. 그 당시에 이레네는 이미 몇 달 전에 집에서 나간 상태였다.

밥시는 오스트리아에서 새로운 환경에 더욱 익숙해지도록 어학집중강좌를 들었고 새로운 학년이 시작되었을 때 오스트리아의 학교에

다니기 시작했다. 루시는 우리의 사랑을 위해서 지금까지의 자신과 딸의 삶을 포기할 준비가 이미 되어 있었다. 그녀의 실행력은 나에게 강한 인상을 심어주었다. 나는 지금 이 결단력으로 바꾸고 싶은 일들이 무엇이 있는지 자문해 보았다.

## 새로운 출발

당시 나에게 가장 중요한 절차는 회사를 파는 일이었다. 회사 자체는 좋았지만 결국은 의미 없는 일들로 바빠졌고, 물질적 성공에 집착하는 행동에 숨이 막힐 듯한 시절이었기에 나 자신에게 근본적인 질문을 던져야 했으니까 말이다.

구매자를 찾는 일은 어렵지 않았다. 회사는 확실하게 자리 잡았고, 수요자와 최상의 관계가 유지되었으며 해마다 올리는 수익도 괜찮은 수준이었다.

나는 직접적인 경쟁사를 포함해서 "카를 라베더 수공예"에 관심을 보일 만한 몇몇 사업가들에게 말을 건네 보았다. 우리 회사를 구매하는 것은 경쟁사였던 그 회사의 성장전략에 잘 맞아떨어졌다. 따라서 그는 나에게 그 누구보다 더 좋은 가격을 제시했다. 그 액수는 정당하면서도 현실적인 가격이었다. 할 수 있을지 없을지를 확실히 모르면서 사업하는 것은 내게 아무런 의미도 없기에 나는 대번에 승낙했다.

이렇게 해서 할아버지와 할머니가 레온딩의 집 정원에서 시작해 뿌리를 내렸던 회사는 2004년 가을이 되었을 때, 티롤에서 다른 사람의 손에 넘겨졌다. 그런데 내 마음은 의외로 차분했다. 좋은 의도에서 매각을 결정했기 때문이 아닐까 싶다. 루시와 나는 지금부터 인생을 즐기고 의미 깊은 일들을 하기로 마음먹었다. 나는 이 단계를 조기 은퇴라고 여겼다. 그때 내 나이 겨우 마흔둘이었고, 새로운 인생의 단계에서 출발점에 서 있었다.

나는 미래에 내 에너지를 어떻게 써야 할지 비교적 빨리 알아차렸다. 이전에 교사라는 꿈을 이루기 위해 시간적 여유가 필요했던 것처럼, 사람들의 성장을 위해서는 가능한 한 이른 시기에 시작해야 한다고 생각한다. 글라이더 비행탐험을 목적으로 여러 번 가보았던 나라들에서는 특히나 더 그랬다. 나는 그곳에서 많은 인생이 사실상 아래로 떨어지는 악순환의 고리를 끊고 싶었다.

젊은 사람들은 청소년 시기에 제대로 된 교육을 받지 못하고 어른이 되어서는 다른 선택의 여지가 부족해서 잘못된 길로 빠져든다. 이들은 범죄자가 되거나 마약을 복용하고 자신들과 똑같은 인생을 살아갈 아이들을 세상으로 보낸다. '가난 속에서 사느니 차라리 마약 운송책을 따라다니거나 내 밭에 코카인을 재배하는 게 낫지.' 라고 생각했기 때문이다.

저녁 식사 때 아이들에게 먹일 것을 찾지 못한 사람이 이런 유혹을 뿌리치려면 정말 대단한 저항력이 필요하다. 정치가들이 보이는 반응이란 대부분 이런 범죄자들을 감옥에 보내고 마약중독자를 시설로 보내는 것뿐이다. 만약 사회의 가장자리에서 살면서 나락으로 빠져들 사람들에게 좀 더 이른 시기에 도움의 손길을 뻗는다면 이렇게까지 할 필요는 없을 것이다. 따라서 나는 무엇보다도 길거리 아이들과 고아들에게 실제적인 도움이 되는 일에 마음을 다하고 싶었다.

그래서 나는 중남미의 고아원들에 연락을 해서 이런 영역에서 추진되는 프로젝트가 있는지 조사해 보았다. 나는 내가 가진 돈으로 유럽보다는 이런 곳에서 더 많은 것을 이룰 수 있다고 확신했다. 유럽에는 이미 충분히 많은 단체가 있어서 이들이 사회적으로 배제된 사람들을 수용할 수 있었으므로 나는 될 수 있으면 먼 곳에서 시작하고자 했다. 나는 한 단체를 통해서 스페인 출신의 농업기술자인 에두아르도를 알게 되었다. 그는 부인과 함께 멕시코의 한 고아원에서 농업교육프로그램을 펼쳤는데, 이곳에서는 젊은 사람들이 채소 재배하는 법을 배우고 있었다.

나와 에두아르도는 여러 가지 이야기를 나누었다. 그리고 곧장 서로 생각이 통하는 하나의 공통 분야를 찾을 수 있었다. 과거에 정원사로서 일해 본 나로서는 우리가 음식물을 얻으려면 일을 해서 번 돈으로 먹을 것을 사는 우회로를 택하거나, 일과 음식 사이에 놓인 지름길을 택해야 한다는 사실을 잘 알고 있었다. 이를테면 직접 먹을 것을 키우고 남는 것은 파는 방법이다. 따라서 에두아르도의 프로젝트는 나에게는 상당히 매력적으로 느껴졌다.

나는 혹시 그의 학생들이 채소를 재배하며 배운 지식으로 자영업을 할 생각이 있는지 물어보았다. 그는 몇몇 학생들은 그렇게 해 보고 싶은 마음이 크지만 어떤 은행도 창업을 위한 투자 자본을 주려고 하지 않는다고 이야기했다.

나는 4백 제곱미터의 땅에 수로와 종묘 등을 모두 합해서 비닐하우스를 세우는 데는 거의 5백 유로 정도가 든다는 것을 알게 되었다. 이때가 바로 '그린하우스Green House' 프로젝트의 탄생 시간이었다. 이 프로젝트는 장래의 채소 농부들에게 직업 교육을 제공하고 무상으로 소액을 대출해 준다. 이들은 벌써 첫 번째 수확을 걷은 뒤에 대출금을 상환했고 거기서 나온 수익으로 식구들을 부양했다.

나는 그때까지만 해도 제대로 된 농업을 성장시키려면 대규모 투자가 필요하다고 생각했다. 그래서 투자펀드를 모집할 계획까지 세웠다. 이 투자펀드를 활용하려면 이곳을 임대할 땅을 투자가들의 자본으로 구입하여 작게 나눈 뒤 소농들에게 대여해야 한다. 나는 가능한 한 많은 돈을 끌어모으기 위해서 이 펀드를 크게 키워 펀드 승인을 받으려 했다.

하지만 솔직히 말하자면 이런 펀드를 창립하는 것보다는 몇 달 동안 비가 내리지 않은 숲 속에서 버섯을 찾는 일이 분명 훨씬 더 쉬울 정도였다. 물론 그렇다고 내가 겁을 먹은 것은 아니었다. 내가 살아오면서 쌓은 모든 경험과 능력으로 마침내 어떤 의미 있는 일을 할 수 있을지 고민하고 상상하고 있었기 때문이다.

## 돈이 많아 생긴 갈등

나는 이런 새로운 생각을 열정적으로 추진하면서 동시에 루시와의 관계 또한 잘 키워나갔다. 하지만 이런 일에는 꼭 긍정적인 면만 있는 것은 아니었다. 우리 같은 사람들은 사실 둘 다 매우 충동적인 축에 속했다. 나의 첫인상은 오히려 편안한 곰 같은 인상을 풍기지만 이런 두 화산이 충돌하면 이렇든 저렇든 곧바로 뜨거워졌다. 둘이서 좋은 시간을 보낼 때면 이 시간은 정말이지 더할 나위 없이 아름다웠다. 하지만 그 대신 우리에게 어떤 불편한 상황이 닥치면 상황은 순식간에 불쾌하기 짝이 없어진다. 더군다나 우리가 가졌던 근본적인 갈등은 돈 때문에 생기는 경우가 대부분이었다.

우리가 처음으로 의견이 충돌한 것은 내가 슬로바키아에서 열렸던 세계청소년선수권대회에 참가했을 때였다. 그녀는 브뤼에서 나와 함께 밤을 보낸 후에 나를 따라서 이곳으로 같이 왔었다. 그 당시에는 서로 전달할 수 있는 언어 실력이 그다지 신통치 않아서 제대로 싸울 수도 없을 때였다. 나는 그녀에게 내 물을 마셔도 된다고 하면서 "너 귀하디귀한 내 비싼 물 좀 마셔 볼래?"라고 다소 장난스럽게 물었다. 구멍가게에서 파는 다른 물에 비해 솔직히 내 물은 약간 비싼 축이었다. 그런데 루시는 내가 한 말을 잘못 받아들였다. 그녀는 내 재산으로 자기에게 좋은 인상을 심어 주려 한다고 생각하고 말았다. 그 말이 왜 그렇게 불쾌하게 들렸는지 그녀 자신도 정확히 설명할 수 없었다. 다만 그녀는 내 질문으로 말미암아 양심의 가책을 느꼈다고 했다. 우리는 이런 형태의 불명확한 대화를 끊임없이 나눴다. 사실 우리에게는 그딴 일을 생각할 필요도 없을 만큼의 충분한 돈이 있었다. 하지만 나는 마음속 깊은 곳에 루시가 나 자체가 아니라, 단지 돈 때문에 나를 사랑하는 것은 아닌가 하는 두려움이 있었던 것 같다.

우리는 돈을 의미 있게 쓰는 데 익숙해져 있었다. 즉, 우리는 사고 싶은 게 있으면 최상의 품질에 비례하는 것을 사되 결코 탕진할 정도로 하지는 말자는 방침을 갖고 있었다.

이것은 일상에 필요한 것들을 살 때도, 호텔에서 잘 때 혹은 차를 살 때도 똑같이 적용되었다. 회사를 팔 때까지는 어떻게 하면 돈이 수중으로 들어올지 생각하며 머리를 굴렸는데, 이제는 주로 어떻게 돈을 다시 써야 할지 고민하게 되었다. 예를 들어, 호화 리무진 한 대를 사기 위해 돈을 쓰는 것이 어떤 영향을 미치는지 의문 나는 것에 관해 뭐든 생각해 보기로 했다.

소유한 부에 대한 내 마음가짐은 이제 20년 전에 내가 어떻게 일했었는지 회상해 봐도 부끄럽지 않을 만큼 발전해 있었다. 나는 이 돈들이 정직하게 부지런히 일해서 스스로 번 돈이라는 것을 알고 있었으며, 이것을 보여줄 용기도 충분히 있었다. 나는 루시를 기쁘게 해 주고 싶어서 그녀에게 차를 한 대 사주겠다고 제안했다. 비용이 얼마가 들건 상관없이 그녀가 갖고 싶은 것을 고르라고 했다. 리무진 한 대를 주문하던지 두 대를 사든지는 나에게 하나도 중요치 않았다. 나는 "큰 돈을 써도 문제없어. 이렇게 해도 되고, 저렇게 해도 괜찮아." 이런 식이었다. 하지만 루시는 이런 문제에 부딪히는 것을 어려워했다. 그래서 그녀는 일부러 조금 작은 모델의 차를 골랐다.

그녀는 한 편에서는 물질적인 것은 뭐든 모조리 거절했지만, 다른 한 편에서는 내가 그녀에게 한 모든 선물은 자신의 가치를 존중해 주는 표현으로 받아들였다. 그래도 나는 여자를 호강시켜주고 물질적으로 부족함 없이 돌봐주는 것이 남자의 임무라는 주장을 펼쳤다. 루시는 위와 같은 나의 생각을 매우 언짢게 받아들였고 이것 때문에 마음의 상처를 받았다. 우리가 만나기 전까지 자신이 직접 세무사 사무실을 운영하면서 자기와 딸을 스스로 부양할 수 있었기 때문이 아니었나 싶다. 이런 대화를 나누다가 우리 둘의 화산은 활동을 시작하고 그러다가 곧 재를 뿜어내곤 했다. 우리 둘은 자신이 생각하는 것이 정당하다고 상대를 확신시키려면 더 세게 강조하고, 더욱 격렬해져야만 한다고 믿었다.

서로 다툴 때의 이런 태도가 단지 우리 둘만의 문제는 아닐 것이다. 서로 사랑하는 두 사람이 자신의 취약점을 드러내지 않기 위해 말다툼을 하게 되는 일은, 슬프지만 분명 자주 있는 일이다. 그녀가 겉으로 센 태도를 보였던 것은 단지 상처받기 쉬운 영혼을 보호하려 했기 때문이었다. 그리고 나는 루시와 내가 지닌 이런 예민함이 어느 정도 지나친 것인지도 감을 잡지 못했다.

그 대신 우리의 관계를 더 끈끈하게 해 주었던 것은 글라이더 비행이었다. 루시는 리에티에서 자기가 상승기류를 힘들이지 않고 즐길 수 있다는 것을 발견한 후에 직접 글라이더 조종하는 법을 배웠다. 그녀가 그러는 동안에 나는 가장 큰 우승컵을 차지하기 위해서 어떻게 하면 내 능력을 더욱 가다듬을 수 있을까에 전념했다. 2006년 프랑스에서 열리는 세계선수권대회에서 우승을 노린 것이다. 내가 마지막으로 참가했던 대회는 1999년 바이로이트Bayreuth에서 열린 선수권대회였다. 이때 우리 팀이 이룬 성적은 절망적인 수준이었다. 그 후로 나는 평지에서 개최되는 시합에는 다시는 참가하지 않겠다고 맹세했었다. 비행하고 싶은 마음은 눈곱만치도 없는데 단지 그곳에서 세계선수권대회가 열린다는 이유만으로 어느 나라에 가는 일은 더 이상 하기 싫었던 것이다.

나는 재미있게 비행할 수 있는 나라에서 세계선수권대회가 열릴 때를 기다렸고, 도나우 강을 그 경계로 정했다. 규칙은 이랬다. 흰 소세지(독일 바이에른 지역 특산물—역주)를 먹는 지역보다 북쪽에 위치한 곳에서 열리는 시합에는 참가하지 않기로 정한 것이다. 그때부터 나는 남프랑스에서 열리는 산악 글라이더 비행 세계대회나 이탈리아 리에티에서 개최되는 지중해 세계선수권대회 같이 나에게 재미를 안겨 주는 시합에만 참가했다. 그러던 차에 내가 사랑하는 제2의 고향 프랑스의 산 위에서 세계선수권대회가 개최되었고, 나는 이번에는 성공할 수 있다는 것을 알았다.

글라이더 비행을 전업으로 하는 프로 선수들은 이 스포츠로 생계를 꾸려갔지만, 나는 이것을 즐기면서 살았다. 나는 될 수 있는 대로 자주 비행을 하면서 세계선수권대회를 항상 주시했다. 아르헨티나로 글라이더 비행 탐험을 떠날 때에는, 머릿속에서 그려본 파도형 기류를 타고 비행 시 필요한 모든 특별 기능을 포함시킨 비행기를 제작해 줄 것을 의뢰했다.

나는 비행기가 춥고 시끄러운 게 싫었다. 그러므로 내가 원한 것은 완벽하게 밀폐가 되고, 비행기 내부가 추워지지 않도록 이중벽으로 기체를 만드는 것이었다. 그 외에도 좌석과 신발이 데워지는 기능도 생각해 보았다. 나 말고 다른 사람들도 이 기능을 무척이나 마음에 들어했다. 이런 구상을 듣고 비행기 제작 회사가 내놓은 첫 마디는 이랬다. "저희는 그런 소망을 다 채워 드릴 수 없습니다. 누가 그 돈을 다 지불합니까?" 나는 "우선 시작하시죠. 그다음에 비용에 대해 이야기해 봅시다. 그리고 괜찮다면, 당신네가 생산하는 시리즈 모델에 새로운 기능을 적용시켜 봐도 좋지 않을까요?"라고 대답했다.

## 의미 있는 실패

지금에 와서 보면 프랑스에서 개최된 세계선수권대회에 내가 그리도 집착했던 까닭은 성공과 인정받고 싶은 소망을 대리만족하려는 이유가 가장 컸다는 생각이 든다. 글라이더 비행에서 안간힘을 쓰며 받으려는 우승컵은 사람들이 일상생활에서 그토록 수고하면서 쟁취하려는 우승컵과 비교되기 때문이다. 이것은 사람들이 벌어들이고자 하는 돈이나 애써 얻으려는 권력이나 경력과도 같았다. 다른 사람들로부터 인정이나 경탄을 받을 만하며, 자랑스럽게 보여줄 수도 있는 훈장처럼 사용할 수 있었다. 하지만 이러한 목표에 이르기 위해서 들인 노력과 모든 수고가 도대체 그 정도의 가치가 있는 일인지 혹은 이런 목표들과 자기 인생을 동일시할 수 있는지를 묻는 사람은 드물었다.

내 경우도 마찬가지였다. 성공한 사업가로서 받은, 눈에 보이지 않은 우승컵들이 들어 있던 진열장은 회사를 팔면서 동시에 다 없애 버렸다. 그 대신 나는 사회적으로 참여하는 것 외에도, 이를테면 세계선수권대회에서 금메달을 따는 일과 같은 진정한 우승컵을 따는 데 에너지를 쏟아 부었다.

그 세계선수권대회를 앞두고 나는 우승후보 중 한 명으로 지목되었다. 나는 남프랑스 산악글라이더 비행에서 이미 여러 번 우승을 한 적이 있었다. 또 이 지역을 다른 어떤 지역보다 잘 알고 있었다. "우리만큼 이곳을 아주 잘 알고 있는 사람이 또 한 명 있는데, 그 사람은 오스트리아 사람이야!" 심지어 이런 말이 프랑스 글라이더 조종사들 사이에서 돌 정도였다.

선수권대회가 점점 다가올수록, 나는 우승자가 된다는 생각에 몸이 뻣뻣하게 긴장되었다. 심지어 내 능력을 완전히 발휘할 수 있도록 도와줄 코치도 몇 달 전에 고용해야만 했다. 7월의 2주 동안 있는 이 훈련 과정에 무조건 집중을 해야만 무언가를 보여줄 수 있다고 생각했다. 때문에 그 후의 몇 주 동안은 루시와 나의 애정 전선에 빨간 불이 켜졌다. 루시는 내가 우리가 함께 지내야 할 시간을 뒷전으로 하고 자기에게 관심을 보이지 않는다고 나를 질책했다. 확실히 루시의 말이 맞았다. 나는 아침에 시합에 대한 생각을 하면서 눈을 떴고, 저녁에도 이 생각을 하면서 잠자리에 들었다. 특별한 전략을 연습하고, 머릿속으로는 대회가 열리는 지역 여기저기를 더듬으면서 날아보았다. 이렇게 집중해야만 성공을 거둘 수 있다고 확신했기 때문이었다.

하지만 루시는 몇 년 전에 리에티에서 처음 우리가 참가했을 때처럼 편안한 마음으로 용기를 내서 비행한다면 내가 우승하는 것은 당연한 일이라고 말해 주었다. 그런데 근본적으로는 이런 우리 둘의 생각은 모두 다 틀렸다. 살아온 동안 내가 사업가의 길로 잘못 접어들었다는 것을 오랫동안 인지하지 못했던 것과 마찬가지로 나는 비행가로서도 역시 깨닫지 못했다. 이번에도 역시 내 눈을 떠주게 해 줄 '선물'이 필요했다. 그리고 이건 말 그대로 하늘이 내린 선물이었다.

우선 날씨 상황이 비행에 유리하다고 말할 수는 없었지만, 세계선수권대회에서 모든 것은 계획대로 진행되었다. 날씨는 오히려 너무 좋았다. 그런데 나는 솔직히 좋은 날씨에 어울리는 비행사가 아니었다. 나는 날씨 조건이 비행하는 데 방해가 될 정도로 좋지 않고, 하늘에서 탈출구를 샅샅이 찾아야 할 때가 돼서야 비로소 강점을 보여줄 수 있는 조종사였다. 이런 날씨가 되면 다른 사람들은 벌써 입이 축 늘어져서 비행장으로 오는데, 나는 그제야 제대로 도전할 만하다고 느낀다. 마지막에 내가 우승자가 되어서 단상에 올랐던 대회들이 열린 날에도 종종 날씨가 형편없었다.

하지만 프랑스에는 계속해서 햇빛이 비치고 하늘은 빛이 날 정도로 푸르렀다. 그럼에도 불구하고 대회 사흘이 지났을 때도 나는 선두를 지키고 있었다. 거의 섬뜩할 정도로 분명히 내가 선두라고 느꼈다. 예를 들어 이런 경우가 있었다. 우리 팀의 동료 한 명이 굉장한 상승기류를 잡아탔는데 나는 그렇지 못했다. 그는 나에게 자기가 1초 안에 4미터 상승했다고 말했다. 이것은 속도를 낼 수 있는 가능 범위에서 최대치였다. 하지만 나는 반드시 4미터를 상승할 수 있는, 어쩌면 더 높이 올라갈 수 있는 기류를 찾을 거라 믿고 편안하게 계속 비행했다. 나는 비교적 낮게 비행을 하다가 드디어 초속 5미터의 속도로 나를 끌어올린 상승기류를 만났다. 내가 위에서 회전을 멈추었을 때, 그 동료는 내 아래를 막 날아서 지나가고 있었다. 그야말로 내 느낌이 딱 들어맞았던 것이다. 이처럼 마치 나 외에는 아무도 없는 것처럼 자연스럽게 비행을 한 그런 순간들이 자주 있었다.

나는 스스로 정한 목표에 이르는 최고의 길에 있었다. 반면 대회장에서 점점 더 기분이 나빠진 루시에게는 정말 미안한 일이었다. 그녀는 우리가 리에티에서 그랬던 것처럼 이곳에서도 낭만적인 시간을 보내고 싶어 했다. 하지만 그녀가 저녁에 아이스크림을 사주겠다고 했을 때, 나는 다음 날 일기예보가 어떤지에 전념했고, 그녀가 밤에 나를 유혹하려고 하면 집중력을 유지하기 위해서 자게 내버려 두라고 했다. 내 생각은 온통 눈앞에 놓인 우승에 대한 계획으로만 꽉 찼었다.

하지만 나흘째가 되자 모든 것이 더 이상 내 마음처럼 움직여 주지 않았다. 하늘에 대한 내 느낌은 소용돌이로 빠져들었다. 비행기 안에 앉아 있어도 더 이상 주위와 하나가 되지 못하고 오히려 마치 이 사람이 도대체 저기서 뭘 하나, 하고 이마를 찌푸리며 묻는 관찰자가 된 것 같았다. 자신의 영감을 바탕으로 움직이는 사람은 걸을 때 확신에 차서 걷는다. 하지만 자신의 영감과 연결된 끈을 놓치게 되면 사람은 불안해진다.

이런 대회에서 나는 특별한 일이 없는 한 평균 이상의 비행 성적을 거두었다. 하지만 이 정도로까지 실수하는 일은 무척 드문 일이었다. 나는 비행할 때뿐 아니라, 비행 결과를 놓고도 실수를 저질렀다. 점수 평가표를 마치 일기예보를 분석하듯 세심하게 연구한 것이다. 그것이

나에게는 독약이었다. “목표를 생각지 말고 목표에 도달해라. 모든 바람은 정신에 영향을 끼친다.”라는 격언이 문득 생각났다.

이전에 내가 이야기했던 여자선수권대회의 우승 선수는 이런 이유에서 항상 결과표를 멀리하고, 중간 성적이 어떤지 듣고 싶어 하지도 않는다. 나는 이 선수 때문에 체코까지 간 적이 있었는데 대회의 하루 일정이 끝났을 때 그녀는 인터뷰하면서 “흠, 지금으로서는 그다지 성적이 나쁘지 않을 거라고 생각해요.”라고 말했더랬다. 나도 그녀처럼 행동했어야 했다. 하지만 나는 내 주위에 먹구름이 둘러싸여 있다는 것을 깨닫는 것보다는 멀리 수평선에 무엇이 보이는지에만 너무 전념했다.

이 참담한 날이 지나고 나는 시합에 더욱 전념했다. 그러자 차츰 우승할 가능성이 보였다. 그다음 이틀 동안 나는 다시 우승의 주권을 잡으면서 시합을 마쳤다. 나는 다시 정확한 결정을 내리는 데 자신감이 생겼다. 우승은 다시 눈앞에 아른거렸고, 채점표를 보는 순간 내 기분은 고조되었다. 그런데 다음날에는 성적이 매우 좋지 않았고, 그 후 이틀은 평균적으로 비행했다. 나는 더 이상 하늘 위를 나는 것이 아니라 땅속을 기어 다니는 것 같았다.

이것으로 우승은 영영 멀어져 갔다. 채점표는 내 실패를 보여주는 증명서가 되었다. 우승컵 없이 집으로 돌아가야 한다는 사실이 분명했다. 나는 크게 실망했다. 그날 저녁, 나는 모든 것을 잊어버리려고 남프랑스에 있는 부동산으로 관심사를 돌렸고 이후의 대회는 적당히 끝냈다. 마지막에 내 순위는 13위였다. 우승후보였던 나에게는 절망적인 결과였다.

나는 풀이 죽어서 비행기를 트레일러에 싣고 팀 동료들에게 작별인사를 한 뒤에 루시와 함께 티놀로 돌아갔다. 당시에는 이 경기를 마지막으로 당분간 쉬게 되리라고는 상상도 못했었다. 하지만 경기장에서 더 멀어질수록 몇 가지 질문들이 점점 더 커지면서 머릿속을 빙빙 맴돌았다.

'왜 나는 목표에 이르지 못했을까? 이 실패가 나에게 가르쳐 주고 싶은 것은 무엇일까? 이 모든 일이 정말 가치가 있는 일일까? 도대체 나는 왜 비행을 할까? 그리고 무슨 일이 중요할까?'

저개발국가의 사람들을 금전적으로 후원할 여러 가능성을 모색하다가 이미 몇 년 전부터 시행하던 무담보 소액대출이라는 것을 발견했다. 약 50유로(약 7~8만 원)만 있어도 충분히 생활의 기반을 세워나갈 수 있는 나라들이 굉장히 많았다. 그린하우스 프로젝트의 틀에서 보면, 청소년과 성인들이 채소재배자로서 작은 온실을 세우고 독립하려면 단지 500유로(약 70~80만 원)만 있으면 된다.

# 분리

하와이에서의 휴가가 내 인생을 바꾼 전환점이었다면, 프랑스에서 치른 글라이더 대회는 조종사에게 주어진 휴식 기간을 의미했다. 느리게 가라앉은 참패의 고통 속에서 나는 어렸을 때는 우승컵을 모으기 위해서가 아니라 하늘과 자연 속에서 조화를 느끼기 위해서 비행을 시작했음을 기억해냈다. 그렇지만 처음으로 혼자 글라이더를 탄 후에, 수년 동안 대회에 꾸준히 참가했던 이유는 사람들이 흔히 말하듯, 시합에서 비행이 시작되는 순간 느끼는 긴장감을 사랑하기 때문이 아니었다. 그 이유는 다른 사람들의 야망에 나도 모르게 전염되었기 때문이었다.

그런데 이 '야망'이라는 단어 자체에 이미 문제의 핵심이 들어 있다. 독일어로 '에어가이츠Ehrgeiz'라고 하는 이 단어는 Ehr(존경, 명예)와 Geiz(인색)로 구성되어 있는데, 누군가 야망이 있다, 라는 뜻의 에

어가이치히Ehrgeizig는 사실 존경에 인색하다는 뜻이다. 즉 다른 이에게 명예를 베풀지 않는다는 뜻으로 풀이할 수 있다. 나 역시 예전에는 누군가 나보다 잘하면 그 사람이 그럴 만하다는 것을 알면서도 이를 참을 수 없었다. 우리 사회에서 이런 야망은 추진력이나 의욕이 있다는 의미와 동일하게 받아들여진다.

## 걸림돌을 치우다

나는 글라이더를 탈 때 원래 내 것이 아닌 목표에 휘둘리지 않고 비행할 때야말로 정말 행복하다는 것을 알았다. 다른 말로 표현하자면, 그때 나에게는 확신이 있었다. 하지만 이를 위해 우승컵이나 메달이 필요한 것은 아니다. 정반대로 이런 우승컵이나 메달은 '확실성'을 얻는 데 걸림돌이 될 뿐이다.

이와 같은 인식은 내 나머지 생활에도 영향을 주었다. 하와이로 여행을 다녀온 이후로 나는 신뢰성에 대해 많이 생각하게 되었다. 조종사로서뿐 아니라, 인간 카를 라베더도 진정한 진실함에 이르기 위해서는 걸림돌을 치워야 한다는 사실이 점점 더 분명해졌다.

"영혼과 매일 나누는 대화는 우리를 건강하게 유지시켜주는 유일한 방법이다."라는 문장을 읽은 적이 있었는데, 이 말은 내 머릿속에 깊숙이 새겨져 있다. 영혼이 무엇인지를 자연과학에 의존해서는 뭐라고 딱히 말할 수 없다. 내가 아는 것은 단지 육체와 정신을 넘어선 무엇인가가 있다는 것이다. 그리고 나는 이것을 영혼이라고 부른다. 어떤 사람들은 영혼을 신이라고 부르는 높은 힘과 연결시킨다. 하지만 나는 이 힘에 일부러 어떤 이름도 붙이지 않았다. 인간에게는 세 개의 기둥이 있는데, 우리가 견고하고 똑바른 정신으로 존재하기 위해서는 이 세 개의 모든 기둥과 접촉해야 한다. 이 사실을 깨닫는 것이 중요한데 여기서 내가 말하는 세 개의 기둥이란 바로 육체, 정신, 그리고 이 두 개를 뛰어넘는 무엇이다.

2006년 세계선수권대회가 끝난 후에 시작된 후 근본적으로 봤을 때 현재에도 계속되고 있는 이 시기는 '영혼형성'(소울 빌딩Soul-building) 시기라고 표현할 수 있다. 나는 영성이 모든 사람의 마음속에 들어 있다고 확신한다. 육체의 근육이, 그리고 머릿속에 신경세포가 엄마 뱃속에서부터 만들어지는 것처럼 말이다. 하지만 나를 포함해서 많은 사람들은 이 영성이 설 자리가 없는 삶을 살고 있다. 그러므로 먼저 이를 받아들이는 법부터 배워야 한다.

이를 위해 나는 먼저 번쩍거리는 우승컵들로 가득 찬 진열장과, 지위의 상징으로 꽉 찬 진열장을 전부 치워버리기로 했다. 그 과정에서 나는 다음과 같은 질문들을 해 보았다. '진짜 집이 꼭 두 채가 필요할까? 하나는 텔프스에, 또 하나는 프랑스에? 글라이더 비행기도 여섯 대가 있어야 하나? 선수권대회에 타고 나갈 것과 탐험용, 루시 비행기, 청소년들이 시합을 위해서 빌릴 수 있는 주니어용 비행기 두 대, 그리고 프랑스의 집 가까이에 갖다 놓을 비행기, 이렇게나 많이 필요한 것일까? 내가 가지고 있는 것으로 무언가 더 의미가 깊은 일을 시작할 수는 없을까?'

그럴 때마다 무언가가 나를 손아귀에 넣고 쥐락펴락 하는 것 같은 느낌이었다. 이것은 처음에는 장애물로 보였지만 이후에는 행운으로 밝혀졌다. 후에 나는 이 느낌이 들어맞았다는 것을 알게 되었는데 당시 미국에서 부동산 위기로 시작되어 주식 위기로 옮겨간 2007년의 경제위기가 닥쳤던 것이다.

## 행복을 위해 얼마나 많은 돈이 필요할까

사회 투자펀드 설립에 관해서는 너무나 복잡해서 경제위기가 찾아왔을 때에도 여전히 제대로 갖춰지지 않은 상태였다. 이제는 이 아이디어를 완강히 고집하며 붙들고 있는 일도 사실상 불가능해졌을 만큼

펀드 형성 조건들이 까다로워졌다. 내가 이러는 사이, 사회펀드의 개념에 기업 회생을 도울 일명 '회생펀드'도 생겨났다. 이것으로 얻은 이익은 계속해서 사회펀드로 들어간다.

그런데 이 모든 것이 이제는 휴지 조각이 되었다. 게다가 회사를 판 후에 주식에 투자했던 돈 중에 많은 금액을 주식시장에서 날리는 일도 뒤따랐다. 하지만 이런 손실로도 마음이 별로 쓰리지 않았기 때문에 나는 무엇 때문에 이 돈을 벌려고 그리도 애써왔는지 자신에게 물어보았다. 그때부터 나는 돈이 지닌 표면적인 가치를 넘어서 그것을 힘의 형태로 이해하기 시작했다.

심령적인 면을 말하는 것이 아니라, 어떤 특정 액수의 돈을 조달하기 위해서는 얼마나 큰 힘이 필요한가, 그리고 이 대가로 얻게 되는 이 힘의 소비는 적당한가? 하는 것과 같은 소비와 소득의 단순한 대조라는 의미에서 말이다. 이렇게 이해한다면 돈은 이제 자기의 원래 의무로 돌아오고, 목적 자체가 아닌 목적을 위한 수단이 된다.

예를 들어, 우리는 특정한 자동차를 사기 위해 돈을 빌리고 이를 갚기 위해 평생에 걸쳐 그 비용을 지불하며 살아가야 한다. 한 달에 5일을 리스 이자와 자동차 보험, 연료를 지불하기 위해 일하는 것이 과연 할 만한 일일까? 비용이 덜 들어가고 수수한 모델로 바꾸고 이것으로 일도 덜 하게 돼서 남은 시간을 배우자나 아이들과 더 많이 보내는 데 쓰는 것이 훨씬 더 현명한 일이 아닐까? 지나치게 비싼 피트니스 클럽 한 달 이용료를 내기 위해 한 달 근무 중 꼬박 하루에 해당하는 시간을 애쓰는 것이 정말 필요할까? 혹은 빽빽 떠들어 대는 텔레비전을 보면서 러닝머신 위에서 뛰는 것보다 자연 속에서 달리는 것이 더 즐겁지 않을까?

시간은 돈이라고 흔히 말한다. 그런데 그 반대로 돈이 시간이라는 말은 틀렸다. 돈은 시간이 아니다. 돈은 시간을 필요로 한다. 하지만 우리가 사는 시간은 한정되어 있다. 그러니 질문을 다음과 같이 바꿔야 한다. 나는 내 삶에 돈 외에 어떤 다른 힘을 들여 놓고 싶은 것일까? 육체나 정신의 균형이나 건강과 같은 삶의 즐거움? 영성 아니면 사랑?

돈과 건강 사이에서 하나를 선택해야 할 기로에 서 있다면, 돈을 선택하는 사람들은 거의 없다. 하지만 일상생활에서 보면, 사람들은 마치 모든 것이 돈 문제인 것처럼 행동한다. 또한 우리는 이렇게 해서 번 돈으로 살 수 있는 것이 어떤 의미가 있는지를 깊이 생각하지 않은 채 종종 인생의 시간을 허비한다. 우리는 계속해서 그저 돈이 많아지기만을 바란다.

그렇다면 어째서 우리는, 필요하지도 않으면서 마구잡이로 소비하는 것들로 우리의 인간 됨됨이를 판단하게끔 유혹하는 물건들을 구입하려고 대부분의 시간을 투자하는 것일까? 눈과 귀를 뜨자마자 아침부터 저녁까지 우리 앞에 쏟아져 나오는 대부분의 광고들이 바로 이런 일을 한다. 자신은 당연히 광고 산업의 속임수에 대항할 수 있을 만큼 면역력이 강하다고 믿는다. 하지만 이것은 참 순진한 생각이다. 광고 산업은 우리가 그들의 메시지를 편안하게 받아들이도록 하기 위해 기꺼이 수백억을 지출할 준비가 되어 있다. 또 철저한 시장조사를 통해 자기들이 지출한 돈이 어느 만큼의 이익을 가져다주는지를 면밀히 평가한다. 모든 것을 감안해서 광고에 들어간 돈 이상으로 더 많은 것을 가져오지 않는다면 사장들은 절대 돈을 풀지 않는다. 이렇듯 광고의 영향력은 결코 무시할 수 없는 수준이다. 만일 광고가 나에게 그다지 영향을 미치지 않는다고 생각한다면, 이것은 우리가 속임수를 당하고 있으며 다른 누군가는 우리의 순진함으로 돈을 벌고 있다는 증거가 된다.

우리의 경제 시스템 전체는 이러한 방식 위에 촘촘히 짜여 있다. 이렇게 해야 경제가 끊임없이 성장하기 때문이다. 경제 성장이 영원하리라고 옹호하는 자들은 사회는 단지 이렇게만 발전해간다고 주장한다. 경제가 해마다 성장하여 돈이 더욱더 많아지면, 모든 사람이 죽는 날까지 행복하고 건강하게 살 수 있도록 충분한 복지와 진보를 생산할 수 있다고 말한다. 하지만 이런 생각을 토대로 저질러진 실수가 있다. 우리가 돈으로 할 수 있는 일이 더 많아질수록, 마치 자동으로 더욱 만족스러워지기라도 하는 것처럼 돈과 행복을 같은 수준에 둔 점이다. 하지만 이런 주장이 간과하는 사실이 있는데, 사람들이 삶의 모든 힘을 돈 버는 데 쓰면서 가족이나 친구들 혹은 돈은 안 되지만 기쁨과 만족을 주고 의미가 있는 일을 하지 않는다면 인간은 병들고 불행해진다는 것 말이다.

왜 그런지 묻지도 않은 채 그저 끝없이 돈만 좇아 달리면 언젠가는 사람이 쓰러지듯이, 끝없이 성장하도록 맞춰진 경제체계 역시 규칙적인 간격을 두고 붕괴해 버린다. 역사를 보면 경제가 지속적으로 잘 성장하지는 않은 것을 관찰할 수 있다. 언젠가는 항상 재앙과 같은 큰 규모의 붕괴 과정이 등장한다. 자연을 봐도 밀물과 썰물, 성장과 쇠퇴의 원리가 정해져 있다. 끊임없이 자라는 유일한 체계는 오직 암癌밖에 없고, 이는 죽음으로 끝을 맺는다.

하지만 이런 실수가 우리의 경제체계 때문은 아니다. 나는 자본주의를 배척하고 공산주의자가 될 생각은 없다. 나 역시 사업하는 사람으로서 이런 자유의 혜택을 받았다. 이것은 한 사회가 멈춰 있지 않다는 증거다.

문제는 시장경제가 부분적으로는 이치에 맞지 않는 결과를 가져온다는 점이다. 예를 들어서 우리가 더 이상 먼 거리를 발로 걸어 다니지 않아도 된 것은 물론 좋은 일이다. 우선 마차가 만들어졌고, 기술자들은 곧이어 자동차를 발명했다. 이것은 인류 역사에서 커다란 진보를 의미한다. 하지만 사람들이 영화관에 가기 위해 2킬로미터밖에 안 되는 거리를 자동차를 탄다면, 이런 의미의 진보는 참을 수 없는 왜곡이 아닐 수 없다. 충분히 움직이지 않기 때문에 사람들은 병들어가고, 자동차가 공기를 오염시키기 때문에 환경은 파괴되며, 자연은 점점 더 넓혀지는 아스팔트길로 뒤덮이고 있다. 이러한 것이 건강한 시장경제의 목표가 될 수는 없다. 그런데 이러한 왜곡은 유감스럽게도 삶의 많은 부분에 존재한다.

우리는 정말로 돈에 너무나 커다란 힘을 부여해버렸다. 내가 보기에 이런 돈의 힘을 제한시킬 수 있는 유일한 방법은 이를 의식하면서 돈을 사용하는 법을 배우는 일밖에 없는 것 같다. 이를 위해 우리는 돈을 써서 지출하려는 것들이 정말 가치가 있는지 고심해봐야 한다. 다른 한 편으로는 시장 경제의 성공 여부를 얼마나 큰돈이 창출되었는지에만 맞춰서 평가하지 말아야 한다. 사회의 일원들이 얼마나 건강하고 행복한지, 환경피해와 같은 문제로 얼마나 많은 비용이 발생했는지 등을 모두 포함해서 따져본다면 우리 사회는 진정한 의미에서 진보할 수 있을 것이다.

이 문제에 관련해서 우리보다 훨씬 더 앞서 간 사회들이 있는데, 그

중 하나는 히말라야에 있는 나라 부탄이다. 부탄 왕은 이미 1980년대 말에 한 인터뷰에서 "우리에게는 국내총생산보다 총국민행복지수가 더 중요합니다."라고 선언했다. 그는 불교의 전통에 맞춰서 물질적인 성장은 더욱 늦추고, 정신적 영적 성장은 더욱 부흥시키는 그런 발전 형태를 지킬 것을 지시했다. 신뢰할 만한 연구 결과에 따르면, 부탄 사람들은 실제로 대단히 행복하다고 느끼면서 살고 있다고 한다. 2008년 헌법을 보면 "국가는 총국민행복지수를 증가시킬 수 있는 조건을 충족하기 위해 노력해야 한다."라는 목표가 제정되어 있다. 이런 것을 보면 진짜 저개발국가가 어디인지 명확해진다. 바로 우리가 있는 유럽이야말로 저개발국가인 것이다.

어떠한 것을 '발전하고 펼쳐져야' 한다고 표현한다면 이는 이전에는 '싸매져 있었다'는 뜻이다. 따라서 발전은 항상 자유로워지는 것을 의미한다. 스스로 발전가능성을 인식하고 그곳에 놓여 있는 자유를 새로 발견하는 것은 매우 기분 좋은 일이다.

오늘날에는 끊임없이 새로운 것을 사도록 부추김을 받지만 인간은 단순히 경제적 동물은 아니다. 오해가 없도록 확실히 해둘 것이 있다. 나는 지금 모든 사람이 당장 자기가 하던 일을 집어던지고 우리를 구속하는 모든 것에서 해방되어야 한다고 말하는 게 아니다. 하지만 자신이 처한 상황이 지금 그 자체로 진짜 살 만한 가치가 있는지 혹은 몇몇 우선순위를 미루는 것만으로도 이전에는 보이지 않던 사람답게 사는 길이 갑자기 눈앞에 펼쳐지지는 않을지 생각해 볼 필요는 있다.

사람들은 자주 이런 핑계를 댄다. "라베더 씨, 말이야 쉽지 문제가 그리 간단하지 않네요. 저는 무엇을 해야 할까요? 어쨌든 저는 먹여 살려야 할 가족이 있는데 말이에요. 지금 이대로 열심히 사는 게 좋은 본이 되지 않을까요?" 그러면 난 항상 이렇게 대답하곤 한다. "지금의 모습으로 좋은 모범을 보여주고 있다고 믿으십니까? 주중에는 항상 피곤에 지쳐서 아이들이 자러 들어간 후에야 집으로 돌아와 정작 아이들 얼굴을 볼 수도 없는데 말이에요. 그리고 주말에는 직장에서 받은 스트레스를 푸느라 아무것도 할 수 없지요. 당신은 정말로 아이들이 이런 삶을 따라 살아가기를 원하는 건가요?"

좀 더 이성적으로 말을 꺼내는 법도 있다. "사랑하는 가족들, 내가 결심한 게 있어. 지금 일하고 있는 곳은 너무 힘들어. 이렇게 계속하다가는 아마 제대로 늙지도 못할 거야. 그 전에 언젠가 심장마비로 쓰러져 버릴 것 같으니까 말이야. 너희도 그런 것을 원하지 않는다고 믿는다. 그래서 말인데, 난 좀 더 재미난 일을 찾기로 했어. 그런데 수입은 지금의 3분의 2 정도밖에 되지 않을 거야. 이게 무슨 뜻이냐면, 더 이상은 지금 우리가 지출하는 만큼의 돈은 쓰지 못한다는 거야. 자, 우리 모두 서로 어떤 것을 포기할 준비가 되어 있을까?"

이런 전략에는 물론 약간의 위험이 있다. 하지만 이러한 결정이 가져올 수 있는 가장 심각한 결과가 무엇인지를 자문해 보면 사람들은 의외로 빠른 결론에 이른다. 그 심각한 결과란 다름 아닌 개인 파산이다. 내가 쌓아 놓은 부에서 벗어나려고 결심했을 때 나 역시 스스로에게 다음과 같이 말했다. "아마 가장 심각한 일이라고 하면 파산이겠지? 그래도 뭐 그러라지."

많은 회사의 경우에서 볼 수 있듯이 파산은 훗날에 오히려 행운으로 작용하기도 한다. 파산을 통해 자신의 강점을 인식하고 쓸데없는 짐을 떨쳐버릴 수 있기 때문이다. 그렇다면 왜 그렇게 많은 사람이 이런 위험을 무릅쓰기를 두려워할까? 다른 사람들이 이들을 '실패자'라고 생각하기 때문이다. 하지만 나는 이런 견해에 반대 입장이다. "실패자라니, 도대체 무슨 말입니까? 잘못 생각하고 있는 겁니다. 언젠가 너무나 불행해져서 심장마비, 탈진, 암 혹은 우울증 같은 것으로 망가지는 것보다는 진지한 탐구 과정에서 자신의 판단이 잘못이었다는 사실을 아는 게 훨씬 나아요."

최근에 있었던 경제위기에서 정부가 기하학적인 규모의 지원금을 쏟아 붓지 않았더라면, 은행 두 군데 중 한 곳은 분명 파산의 길로 접어들었을 것이다. 심지어 유럽의 몇몇 국가들은 지금도 국가 파산을 맞아 긴급구제자금으로 근근이 유지하고 있다. 독자들과 나, 그리고 수많은 사람들이 여기에 돈을 지불하고 있다.

지난번의 경제위기는 우리 사회의 발전 잠재력을 커다랗게 깨울 수 있는 기회였는지도 모른다.

하지만 사람들은 세상이 망해가고 있으며, 역사적인 규모의 경제위기가 바로 앞에 서 있다고들 난리였다. 토론회와 신문 사설, 일요시사회와 의회 등 모든 곳에서는 더 이상 이렇게 가면 안 되며, 우리는 모두 함께 생각을 전환해야 한다고 말한다. 하지만 이미 밝혀진 것처럼, 이렇게 잠깐 멈춘 것은 단지 이 위기가 닥쳐오기 전처럼 다시 온 힘을 다해 계속 전진하기 위해 모두가 숨을 깊이 고른 순간에 불과했다. 이런 시기에 '영원한 성장'이라는 전설을 세상 밖으로 완전히 밀어내는 기회로 활용했더라면 좋았을 텐데 정말 아쉽다.

여기에 가정해 볼 수 있는 시나리오 하나가 있다. 국내총생산을 의도적으로 감소시킨다면 무슨 일이 일어날까? 이를테면 최종적으로 지금보다 절반에 해당하는 수준이 될 때까지 해마다 5퍼센트씩 줄이는 거다. 사람들은 자신들이 필요치도 않은 물건들을 사라고 권유 받지 않을 것이다. 이것으로 더 이상 물건을 생산해 낼 필요도 없어진다. 그러면 쓰레기도 적어질 것이고, 쓰레기 처리를 위해서 더 이상 일을 하지 않아도 된다. 그 대신에 사람들에게는 더 많은 자유가 생기고, 많이 생긴 자유 시간과 적은 스트레스에 의해서 건강에 대한 근심과 아이를 돌보는 데 따르는 걱정도 줄어들게 된다. 환경파괴도 적어지며 다른 일들도 이런 식으로 이루어지게 될 것이다.

## 무담보 소액 대출

그런데 이러한 주제로 토론하려면 우선 인습을 버리고 새로운 것을 받아들일 준비가 필요하다. 이렇게 해야 위기에서 정말로 무엇인가를 배울 수 있다. 하지만 정치가와 경제 분야의 우두머리들은 그간 어떻게 해왔는가? 이들은 우리들이 오랫동안 힘들게 일해서 벌어놓은 천문학적인 돈을 별 의미 없는 일에 가볍게 지출한다. 그렇게 해서 우리가 돌리는 다람쥐 쳇바퀴가 다시 돌기 시작하고 그들은 몹시 기뻐한다. 그래놓고는 "휴, 다행이다. 간신히 다시 돌아가기 시작했네."라고 말하는 것이다. 우리 사회에서 어떤 인습이 저절로 혹은 윗선의 지시로 긍정적으로 바뀐다고 생각한다면 그것은 무척 순진한 생각이다. 만족스러운 삶을 살고 싶은 사람은 이를 위해 필요한 변화를 감지하고 스스로 불러일으켜야 한다.

당시 나는 회사를 팔고 나서 올바른 방향으로 사고를 전환하는 데까지는 성공했지만, 그것을 이루려면 어떻게 해야 할지 철저하게 고려하진 못했다. 사회 프로젝트를 후원하기 위해 펀드로 돈을 모아봤자 여전히 근본적으로는 신자유주의 경제를 따르는 것에 불과했다. 결국 투자자들이 원하는 것은 투자에 대한 대가, 즉 이자인 것이다. 게다가 나의 소비성향 역시 여전히 새로운 삶을 반영하지 못했고, 예전의 소비 유형을 답습하고 있었다. 혼자 펀드를 발행해야겠다는 생각을 떨쳐버리려고 했을 때, 나는 이런 사실들을 깨달았다.

저개발국가의 사람들을 금전적으로 후원할 여러 가능성을 모색하다가 이미 몇 년 전부터 시행하던 무담보 소액 대출이라는 것을 발견했다. 약 50유로(약 7~8만 원)만 있어도 충분히 생활의 기반을 세워나갈 수 있는 나라들이 굉장히 많았다. 그린하우스 프로젝트의 틀에서 보면, 청소년과 성인들이 작은 온실을 세우고 독립하려면 단지 500유로(약 70~80만 원)만 있으면 된다.

나는 무담보 소액 대출이라는 아이디어를 인터넷이라는 가능성과 접목시킬 생각이었다. 이렇게 되면 유럽의 많은 사람들이 적은 액수로도 프로젝트에 참여할 수 있게 된다. 이런 계기로 대출을 중개해 주는 인터넷 플랫폼에 대해 고민하기 시작했다. 나는 이와 비슷한 플랫폼들이 이미 미국에 있다는 것을 나중에 알았다. 조지아와 아르메니아Armenia를 여행하면서 여전히 펀드 설립을 위한 투자 대상을 찾아다닐 때였다. 이때 나는 훗날 내 '마이 마이크로 크레디트'의 동반설립자가 된 사람을 알게 되었는데, 그의 말에 따르면 미국에는 이미 이런 것이 있다는 것이었다.

지금 이 순간을 생각해 보면 약간은, 오토 릴리엔탈이 예전에 비행기를 발명했을 때를 연상시킨다. 그는 1889년에 《항공술의 기초로서의 새의 비행*Der Vogelflug als Grundlage der Fliegekunst*》이라는 책을 펴냈다. 그는 이 책 안에서 스스로 수없이 많은 실험과 시행착오를 거쳐서 인간이 오늘날 하늘을 날 수 있는 조건을 어떻게 만들어낼 수 있었는지를 이야기하고 있다. 그는 새의 비행 양태를 분석하고 날개 아래 공기의 저항은 어떠한지에 대한 공식을 세웠다. 그리고는 마침내 방수 천을 버드나무 틀에 펼쳐서 만든 글라이더를 완성시켜서 이것을 타고 높은 곳에서 뛰어내렸다. 하지만 당시에 이런 일을 한 사람은 그 말고도 더 있었다. 릴리엔탈이 처음으로 날았을 때에도 새처럼 날고 싶다는 인류의 갈망을 실현시키기 위해 그 시대에 맞는 기술을 활용해서 열심히 노력했다. 사람들은 나무를 적합하게 다루는 법을 배웠고, 또 적당한 천도 준비했다. 여기서 강조하고 싶은 점은 그 시대의 선구자들은 당시의 좋은 기술을 적극 이용할 줄 알았다는 사실이다.

인터넷을 통해서 무담보 소액 대출 원리를 더욱 발전시킬 수 있는지에 대한 문제를 다룬 사람들은 우리 말고도 많이 있었다. 대출자와 대여자를 화상에서 연결해 주는 이런 중개 포털은 현재 전 세계적으로 열 곳 정도 된다.

우리는 그 당시에 이런 생각을 가지고 있었는데, 조지아에서 오스트리아로 돌아오는 비행기 안에서 영감을 받았다. 나는 오스트리아에 도착한 다음에 내 인생에서 무엇인가 의미 있는 일을 찾는 데 결정적인 한 발짝을 내디뎠다는 느낌이 들었다.

나는 차를 타고 인스부르크를 빠져나와 텔프스로 향했다. 차를 타고 오면서 이 플랫폼을 가능한 한 빨리 세우기 위해 지금부터 필요한 것이 무엇인지에 대해서, 또 펀드에 대한 생각을 바꾼 일이 내 삶에 어떤 의미인지를 생각해 보았다. 이 모든 것을 진지하게 생각한다면 이 집에서 오래는 못 살겠구나. 차고에 차를 주차하면서 문득 이런 생각이 들었다.

5년 전이었다면 아마도 사람들은 완전히 다르게 반응을 했을지도 모르겠다. 우리는 모두 신자유주의 선전에 도취되어 있었다. '더 많이'가 사회의 목적 자체가 되었는데, 사람들은 이것에 대해 부끄러워하지도 않았다. 그러나 이제 누군가 모든 사람 앞에서, 자기가 여태 잘못된 길을 갔으며 이제는 그 길을 떠나겠다고 말하는 것을 보며 분명 많은 사람들이 안도의 숨을 내쉬게 된 것이다.

# 씨앗

무하마드 유누스가 30년 전에 무담보 소액 대출을 해 주려는 목적으로 그라민 은행을 설립한 이유는 방글라데시의 가난한 국민들이 명망 있는 은행에서 돈을 한 푼도 대출 받지 못했기 때문이었다. 어떻게 이런 생각을 하게 되었는지에 대한 질문에 한번은 그가 이렇게 대답했다. "그건 매우 간단합니다. 어떤 사회 문제가 내 앞에 있습니다. 이것을 보고 나는 이 문제를 어떻게 하면 해결할 수 있을지 자신에게 묻습니다. 이런 질문으로부터 이미 사회사업이나 기관 사업이 시작됩니다."

사람들은 이런 일에 공력을 들이는 것을 꺼린다. 가난한 사람들이 융자 받은 것을 되갚지 못하면 어떻게 하냐는 걱정으로 선뜻 마음이 내키지 않을지도 모른다. 그런데 유누스는 그냥 시작했다. 그는 이를 계기로 노벨평화상을 받았고, 그라민 은행의 아이디어에서 시작해서 여러 단체와 사회사업가가 모여 모임을 결성했다. 여기에는 거대한 휴대전화망을 운영하는 기업의 계열사, 한 요구르트회사와 공동으로 방글라데시 사람들에게 중요한 무기질과 비타민을 공급해 주는 사회적 기업, 그리고 그 외의 다른 많은 회사가 포함되어 있다.

내 마음을 매료시킨 것은 그가 생각하는 방식이었다. 그는 미적거리지 않고 곧바로 문제를 해결하고자 했다. 선진국의 여러 기업들이 문제를 일으키고는 이것을 뒤치다꺼리하면서 수익을 챙기는 것을 더 이상 당연하게 생각하지 않았다.

## 집을 팔다

우리가 날마다 소비하는 물품을 하나 예로 들어보자. 물의 경우다. 알프스 지역은 물론이거니와 다른 곳에서도 사람들은 수백 년 동안 물을 시내나 샘에서 길러와 마셨다. 그런데 언제부터인가 사람들은 배수 처리 시설을 갖추고 수도관에서 물이 나오게 했다. 사람들은 아무 생각 없이 이 물을 마셨다. 음료수 회사들은 사람들이 더 이상 무슨무슨 레몬에이드를 많이 마시지 않는다는 것을 깨달았고, 다른 수익가능성을 둘러보기 시작했다. 그리고는 어떻게 하면 수돗물을 마시는 사람들을 고객으로 잡을 수 있을지 고심했다.

대규모 광고 공세가 진행되면서 지금까지 별 탈 없이 마셨던 수돗물이 갑자기 못 먹을 게 돼 버렸다. 그들에 따르면 수돗물은 맛도 이상하고 건강에도 좋지가 않다. 하지만 이것은 맞는 말이 아니다. 최소한 유럽에서는 그렇다. 이들이 내세운 두 가지 주장은 많은 연구에서 근거 없다고 판명되었다. 하지만 이 불안정감을 일으키는 선전 문구는 말도 못할 만큼 훌륭하게 기능을 발휘했다. 이제 사람들은 수돗물을 마시는 대신에 병에 든 물만 사서 마신다. 심지어는 보름달이 떴을 때 채웠다고 선전하는 물도 있는데, 이 물의 가격은 엄청나다. 유럽 어느 곳을 가도 물을 사 마시지 않는 나에게는 이 모든 것이 수수께끼 같다. 파는 생수는 수돗물보다 2천 배가 더 비싸다. 하나에 4천 유로나 하는 소시지 빵을 살 사람은 아무도 없을 것 같은데.

하지만 많은 이들이 더욱 불안감에 휩싸여 멍청이들처럼 행동하고, 멍청하게 소비해댄다. 무담보 소액 대출을 위한 포털을 준비하면서 나는 어떻게 하면 유누스의 철학을 나의 경험과 접목시킬 수 있는지, 또 서구의 시장논리를 '마이 마이크로 크레디트'를 위해 어떻게 이용할 수 있을지를 생각해 보았다.

단지 대기업의 수중으로 더 많은 돈을 끌어모으는 게 목표인 시장 지배력을 배경으로 하지 않는다는 이유로 어째서 의미 있는 이런 일들을 경험할 수 없단 말인가? 나는 오직 내 가슴이 시키는 이러한 목적을 위해 지금까지 잘 활용했던 홍보와 광고 기법을 써보기로 했다. 내가 새로운 삶을 산다고 해도 내가 이전에 해왔던 모든 방식이 틀렸다는 의미는 아니니까. 돈을 불리는 일 외의 다른 목표들을 같은 자리에 놓을지라도, 품질을 추구하고 목표를 향해서 일하는 방식은 동일할 테니 말이다.

어떻게 하면 '마이 마이크로 크레디트'를 가능한 한 빨리 세상에 알릴 수 있을지를 놓고 광고 전문가와 이야기를 나누었다. 그는 나에게 "라베더 씨는 티롤에 살고 계시잖아요. 커다란 현수막을 가지고 인스부르크 남쪽에 있는 유럽의 다리Europabrücke로 가세요. 현수막 위에는 ''마이 마이크로 크레디트'를 위해 뛰어내립니다.'라고 쓰시고요. 그곳에는 하루에도 자동차가 수천 대도 더 지나가는데, 그 자동차 운전자들이 라베더 씨를 보게 됩니다. 그러면 몇몇 방송국에서 카메라 팀도 보낼 테고. 그러다 보면 세계의 절반이 그런 문제에 놓여 있구나라고 알게 될 겁니다. 라베더 씨가 할 일은 단 하나뿐이에요. 아래로 뛰어내리는 일이요!"라고 설명했다.

"아, 무슨 말씀인지 알겠어요." 하지만 우리가 설명해야 할 것을 더욱 묘미 있게 포장할 다른 방법이 분명히 있을 것 같았다.

내가 집을 팔고자 한 것은 이미 결정된 일이었다. 여기에는 몇 가지 이유가 있었다. 루시의 딸 밥시는 미국에서 고등학교 졸업시험을 봤는데 그 후에도 대학을 가기 위해 계속해서 그곳에 머물고 싶어 했다. 350제곱미터나 되는 집에는 어머니와 나, 그리고 루시 이렇게 세 명밖에 살지 않게 되었다. 그러자 집이 너무나 거대하게 느껴졌다. 그 외에도 뻔한 일이겠지만, '마이 마이크로 크레디트' 일에 매달리다 보면 집이 더 이상 필요하지 않게 될 정도로 외국을 들락날락해야만 할 것이다. 그리고 세 번째로 집 매각은 어떻게 보면 '뒷처리'에 해당됐다. 이것은 내가 늘어놓은 잡동사니를 치우는 계획 중에서 가장 크면서도 가장 마지막에 해야 할 일이었다.

그때 캐른텐Kärnten 지역에서 제비뽑기로 한 주택의 주인을 선정했다는 이야기를 들었다. 이때 4주 동안 1만 개나 되는 제비뽑기 종이가 팔렸다고 한다. 나는 그것을 듣고 내 집도 그렇게 제비뽑기에 내놓고 이런 방법으로 '마이 마이크로 크레디트'의 개시를 알려야겠다고 결정했다. '한 백만장자가 무담보 소액 대출 포털을 만들었다.'는 이야기에 놀랄 사람은 아무도 없을 것이다. 하지만 '그가 동시에 자신이 살던 집을 제비뽑기에 내놓았다.'라는 것을 들으면, 이건 아마 난리가 날 것이다. 루시에게 나의 이런 생각을 말해 주자, 그녀는 바로 감격했다.

제비뽑기에 필요한 모든 것을 준비하는 데 몇 달이 지나갔다. 포털을 위한 체계를 세워야 했고, 집 추첨이 제대로 진행될 수 있도록 법적 사안들도 점검해야 했다. 우리는 제비뽑기 종이를 개당 99유로를 받고 판매하기로 정했다. 결국에는 감정인이 감정한 집 가격뿐 아니라, 다른 예상 부대비용까지 다 충당할 수 있을 만큼의 많은 수의 제비뽑기 종이가 팔렸다. 나는 이렇게 들어 온 돈으로 집을 사면서 얻은 은행융자를 갚아야 했다. 이전에 이 집을 구입할 때 신자유주의적 전통에 따라 집을 한 번에 살 수도 있었겠지만, 주식에 돈을 투자해서 계획했던 투자펀드 자금을 마련하려던 마음이 있었기에 일부는 융자를 얻어 조달했었다. 하지만 주식에 있던 돈은 앞에서 말했듯이 좋은 성과를 얻지 못했다.

우리가 한 계산이 맞는다면, 우리는 21,999개의 제비가 필요했다. 마지막에 남은 금액으로 나는 '마이 마이크로 크레디트'의 창업비용을 충당하고, 그린하우스 혹은 학교 빵집과 같은 프로젝트를 추진하고자 했다. 페루에는 부모들로 하여금 아이들을 학교에 더 열심히 보낼 수 있도록 학교 학생들에게 신선한 빵을 공급해 주는 빵집이 있다. 이들에게 있어서 학교 교육은 말하자면 '후식'이 되는 셈이다. 그런데 빵집들은 될 수 있는 대로 빨리 독자적으로 운영되어야 했다.

나는 이것과 동시에 남아메리카에서 함께 일할 수 있는 경험 많은 무담보 소액 대출 단체를 물색해 보았다. 처음부터 대출받고자 하는 사람을 선발하는 일에 큰 주의를 기울이는 일이 중요하다고 생각했다. 우리는 그들이 처한 사회적 배경과 더불어 가능한 한 채무 불이행이 일어나지 않도록 그들의 책임의식을 조사했다. 그 밖에도 사람들은 자본을 책임감 있게 다루는 법을 배워야 했다. 이 일은 지역 대안 금융기관이 맡아서 해야 할 임무였다.

나는 소액 대출이 한 인생을 완전히 새로운 방향으로 전환시킬 수 있다는 사실을 이미 여러 번 경험했다. 호세 루이스 바란 카누 같은 경우가 그랬다. 내가 그를 처음 봤을 때 그는 열여덟 살의 고아로 과테말라에 살고 있었다. 스페인 출신의 농업기술자인 에두아르도는 나에게 그를 소개시켜 주었다. 호세는 고아원에 있을 때 농업 수업에 적극적으로 참가했는데, 다른 무엇보다 채소를 재배하면서 자기의 비닐하우스를 세우고 독립하고 싶어했다.

그의 사업계획서에는 겨우 190제곱미터밖에 되지 않는 비닐하우스를 짓는 일이 적혀 있을 뿐이었다. 나는 그의 계획을 위해서 사비로 250유로를 빌려 주었다. 그는 비닐하우스에 채소를 재배해서 매주 한 번 열리는 장에 적당한 가격을 받고 팔았다. 반년이 채 지나지도 않았을 때 340유로의 수익을 올려서 그는 나에게 대출받은 돈을 갚을 수 있었다.

나는 이런 이야기들을 유럽 사람들에게 들려주고 싶었다. 이들도 소액 대출을 위한 자금을 마련해 주도록 동기를 유발하고 싶었기 때문이었다. 나는 동시에 자신의 삶에 대해 생각해 볼 수 있도록 무언가를 자극하고 싶었다. 내가 생각하는 개발원조는 일방통행이 아니다. 우리도 재정 지원을 받는 사람들로부터 무언가를 얻는다. 예를 들면, 삶에 대한 기쁨이나 결속감 등 많은 것을 배울 수 있다. 나는 이것을 수없이 경험했다.

나는 그래서 잘츠부르크에 있는 온라인 마케팅 전문대행기관에 내 집의 제비뽑기에 대해 알려 달라는 일을 의뢰했다. 이 회사는 시선을 끌 만한 인터넷 사이트를 구상하고 사진기사가 와서 집 사진을 멋있게 찍어 가기도 했다. 우리는 보도 자료들을 보내고 입소문을 내고, 또 인터넷상의 지역사회 마케팅 사이트에도 알렸다. 나는 이런 방법으로 많은 사람들이 집 제비뽑기를 통해서 소액 대출 포털에까지 관심을 가져주었으면 하고 바랐다.

몇몇 지역 신문과 전국지, 그리고 오스트리아 텔레비전의 토크 쇼에서까지 반응을 보였다. 하지만 제비뽑기의 판매 성적은 매우 저조했다. 내가 만약 양초를 판매할 때 지금 제비를 팔 때처럼 형편없는 성과를 거두었다면, 그 돈으로는 심지어 통나무로 된 오두막집조차 살 수 없었을 것이다. 나는 이 순간 용기를 잃으면 안 된다는 생각만 했다.

## 기다림이 필요한 시간

루시와 헤어질 때도 용기가 필요했다. 우리의 갈등은 점점 더 빈번해졌고, 깊이도 더욱 깊어졌다. 문제를 맞닥뜨리면 그냥 편안하게 넘어가는 일이 거의 없었다. 우리는 이전에도 몇 차례나 떨어져 지낸 적이 있었다. 한 번은 루시가 몇 주 동안 아예 집을 나간 적도 있었다. 다시 화해한 뒤에 그녀는 결혼을 하고 아이를 낳고 싶어 했다. 나는 머뭇거렸지만, 다시 한 번 함께 지내려고 노력했다. 그런데 이것도 실패로 돌아갔다. 그녀를 처음 알았을 때 내 안에서 발동하던 터보엔진이 꺼진 것을 본능적으로 느꼈다. 이제 나는 각자가 서로의 발전을 막고 있으며, 상대방으로부터 힘을 빼앗고 있다는 느낌을 받았다. 이런 이유에서 루시에게 더 이상은 우리의 관계를 지속시키고 싶지 않다고 말하자, 그녀는 매우 큰 상처를 받았다.

하지만 그녀와 헤어지는 일은 피할 수 없는 절차라고 생각했다. 내가 만약 처음부터 모든 관계는 자연적으로 유효기간이 있다는 내 생각을 분명히 전달했더라면, 그녀는 지금처럼 많이 고통스러워하지는 않았을 터였다. 하지만 그녀는 실패했다는 느낌을 안고 집을 떠나고 말았다.

루시는 집을 떠나기 얼마 전에 그녀가 얼마나 대단한 여자인지를 다시 한 번 보여주었다. 텔레비전 카메라 팀이 집으로 왔을 때였다. 이들은 사람들이 99유로로 어떤 집을 얻을 수 있는지 시청자들에게 직접 보여주고 싶어 했다. 이때 루시는 이별의 아픔에도 불구하고 카메라 앞에 서서 내 프로젝트에 대해 깊은 온정과 호의를 갖고 설명해 주었다.

그녀가 지닌 이런 강한 면 뒤에 숨어 있는 너무나도 예민한 마음을 깨닫기까지는 아마 많은 시간이 걸릴 것이다. 나는 사람들의 눈을 바라다보면 그들이 어떤 사람인지를 비교적 빨리 가늠할 수 있다고 믿는다. 눈은 바로 영혼의 거울이라고 믿기 때문이다. 사업을 하는 동안 큰 식료품 체인점을 위해서 다양한 판매 활동을 펼쳤는데 이 와중에 약 5천 명에 이르는 사람들을 채용한 적이 있었다. 이때 나는 5분 이내에 사람을 평가하는 감각을 훈련시켰다. '이 사람이 내가 준 임무를 해낼 수 있을까? 예 아니면 아니오?' 만약 판매하는 일이었을 때는, '이 사람은 다른 사람에게도 흥미를 불러일으킬 수 있을 만큼 스스로 이 제품에 관심을 갖고 있을까?'와 같은 질문을 던졌다. 눈이 반짝이지 않는 사람은 판매 문구를 그냥 줄줄이 외웠다는 뜻인데, 내 앞에서 이것을 숨기는 일은 불가능했다. 우리는 눈을 통해서 한 사람에 대해서 매우 많은 정보를 얻어낼 수 있다. 물론 이 사람이 이것을 허락하는 범위에 한해서 말이다. 하지만 나는 안타깝게도 루시의 마음속에 있던 벽을 들여다볼 수는 없었다.

나는 그녀가 떠나고 난 뒤에 집 추첨 활동을 알리는 데 더욱 열심히 달려들었다. 시작한 지 6개월이 지난 후에야 우리는 전체 21,999개의 제비뽑기에서 약 4분의 1을 팔수 있었다. 그때 나는 오스트리아가 너무나 작게만 느껴졌다. 인터넷에서도 이에 맞는 고객층을 찾지 못한 게 틀림없었다. 뮌헨에 '마이 마이크로 크레디트'의 협회 본부가 생긴 후였으므로 나는 독일에서도 '마이 마이크로 크레디트'와 집 제비뽑기를 매스컴에 알리기 위해 이곳에 대행 회사를 구할 예정이었다.

이때 우연이라는 선물이 다시 한 번 나를 구해 주었다. 내가 바랐던 최고의 PR대행사인 '모뎀 콩클루자modem conclusa'와 연락이 되었던 것이다. 이 회사는 자신들의 윤리적 기준에 맞는 프로젝트에 마음과 영혼을 담아 임하는 아홉 명의 여성들로 이루어져 있었다. 이들은 거의 전적으로 '지속 가능성'이 있는 사람들만 고객으로 맞이했다. 솔직히 나는 이 단어를 싫어한다. 너무나 많은 사람들이 이 단어가 의미하는 뜻을 진지하게 받아들이지도 않으면서 이 단어를 갖다 붙이기 때문이다. 하지만 안드레아 클렙시를 대표로 하는 이 대행사는 다행히도 이런 부류의 회사가 아니었다. 이들은 날마다 하는 일에 매우 진지한 태도로 임해서 나는 드디어 제대로 찾아왔다는 느낌을 받았다.

나는 대행사와의 공동작업을 통해 몇몇 대중 매체 회사와 연락이 되었다. 그중에서도 독일의 많은 일간지에 함께 끼워서 배달되는 〈크리스몬*Chrismon*〉이라는 기독교 잡지 편집장과 인터뷰를 할 기회가 있었다. 처음 편집장을 만났을 때 그녀는 내가 가려는 길과 내 앞에 놓인 문제들에 대해 매우 비판적인 질문을 던졌다. 이는 나로 하여금 더 집중해서 이 일을 고심하도록 해 주었다.

나는 사람들이 내가 세운 계획들에 관심을 보이도록 하기 위해 내 힘이 닿는 한 모든 것을 했다는 사실을 알고 있었다. 하지만 실제로 제비뽑기에서는 그때까지 그다지 많은 성과가 나지 않았다. 게다가 '마이 마이크로 크레디트'에 대해서 알게 된 사람들은 너무나 적었다. 지난달에는 소액 대출을 위해 한 달 동안 온라인상의 인터넷 플랫폼을 통해 겨우 1만 유로 정도밖에 들어오지 않았다. 나는 지금부터는 무조건 겸허해져야 한다고 느꼈다. 나는 2009년 크리스마스 휴가의 절반을 텅 빈 집에 앉아서 일종의 마음속을 고치기 위한 시간으로 보냈다.

우리는 밭에서 열매를 따고 싶어 하는 농부처럼 인생을 이해해야만 한다. 농부는 땅을 가꾸고, 일구고, 잡초와 돌을 솎아낸다. 그리고는 씨를 뿌린다. 그런데 어느 때에 이르러서는 기다리는 법을 연습하며 모든 것을 자연과 해, 비에 맡겨야 한다.

씨가 발아할지 안 할지, 새싹이 땅을 뚫고 나와 저항력이 강한 식물로 성장할지는 더 이상 농부가 좌지우지할 수 있는 부분이 아니다. 그가 할 수 있는 일이라고는 미리미리 훌륭하게 준비를 해 주고, 돌볼 때 행복한 마음을 보여주면서 식물이 언젠가 열매를 맺기만을 바라는 일뿐이다. 이렇게 했는데도 그 다음에 폭풍이 몰아쳐서 수확물의 일부를 망가뜨릴 수도 있다. 그러면 모든 것은 처음부터 다시 시작된다. 좋은 농부는 자기가 하는 일에 지나치게 몰입하지 않고, 자기가 아는 것에만 기대지도 않으며, 영감에도 자신을 맡길 줄 안다. 그러면서 그는 스스로 자연을 어떻게 하는 게 아니라, 단지 힘닿는 데까지 보조할 수 있을 뿐이라는 사실에 눈을 뜬다.

## 나의 진심

내가 농사를 지을 밭도 이제 준비되었다. 이제는 비가 내리고 햇빛이 비치기만 하면 된다.

1월 말에 드디어 그런 일이 일어났다. 이때부터는 모든 것이 일사천리로 진행되었다. 〈크리스몬〉에 인터뷰 기사가 실린 것은 마치 내 밭에 마술 비료를 뿌린 것 같았다. 그 후로는 전화가 쉬지 않고 울려댔다. 결과적으로 봤을 때, 사람들이 나에게 보인 관심은 두 가지로 나뉘었다. 이 중에서 긍정적인 면은 내가 이 생각을 혼자만 품고 있지 않았다는 사실에 수많은 사람이 고맙다고 편지로 마음을 전달한 일이다. 그들에게 있어서 나의 '폭로'는 의심을 품고 있던 사람들에게 그들이 혼자가 아니었다는 것을 알려주는 증거였다.

5년 전이었다면 아마도 사람들은 완전히 다르게 반응했을지도 모르겠다. 우리는 모두 신자유주의 선전에 도취되어 있었다. '더 많이'가 사회의 목적 자체가 되었는데, 사람들은 이것에 대해 부끄러워하지도 않았다.

그러나 이제 누군가 모든 사람 앞에서, 자기가 여태 잘못된 길을 갔으며 이제는 그 길을 떠나겠다고 말하는 것을 보며 분명 많은 사람들이 안도의 숨을 내쉬게 된 것이다.

이로 인한 부정적인 결과는 원하든 원치 않든 사람들이 보내는 시선의 한가운데 내가 서게 된 점이었다. 나는 나 자체가 아니라, 내가 가진 생각이 유명해지는 것이 중요하다고 느꼈다.

나는 어렸을 때부터 사진 찍는 게 몹시 싫었다. 어렸을 때는 매번 생일 기념으로 사진을 '찍혔다'. 나는 해마다 새로운 주제로 새로운 사진을 찍기 위해 반나절을 사진기 앞에 서 있어야 했다. 한 해는 예쁜 바지에 말쑥한 윗옷으로 된 새로운 전통 의상을 입은 카를리(카를의 애칭)로, 다른 해에는 벚꽃 나무 옆에 서 있는 카를리로. 하지만 내 옆에는 동물들의 오물무더기가 쌓여 있었고 더위가 한창이었다. 생일이 유월이기 때문이다. 인디언 천막 앞에 서 있는 카를리. 서서 아니면 양반다리를 하고 앉아서 등등. 그러다 보면 항상 겨드랑이 아래는 땀으로 얼룩졌다. 그렇게 시작된 사진기에 대한 혐오감은 어른이 되어서까지 나를 계속 따라다녔다.

이런 나를 어느 정도 해방시켜준 사람은 ORF(오스트리아 방송협회, Osterreichischer Rundfunk: ORF)의 편집장이었다. 나는 그녀에게 이같이 물었다. "집을 촬영하고, 인터넷 사이트를 알려주는 것만으로도 충분하지 않을까요? 저는 전혀 안 보여도 괜찮을 것 같은데요." 그러자 그녀는, "아시겠지만, 많은 사람들도 마찬가지예요. 카메라 앞에 서는 것을 불편해하는 점이요. 하지만 시청자들은 여태까지는 이것을 실행한 사람의 생각만 알고 있었는데, 도대체 이 사람이 누군지를 직접 보고 싶어 해요. 우리 시청자들에게 당신의 생각을 알리고 싶으면, 이것에 대해 직접 설명해야 합니다. 따라서 당신의 상황에 다가갈 수 있는 유일한 기회는 그 상황을 참아내는 일입니다." 그래서 나는 '뭐 좋은 뜻으로 하는 거니까.'라고 받아들였다.

하지만 내 계획에 대해서 사람들이 모두 친절한 반응을 보인 것은 아니었다. 나는 인터뷰를 할 때마다 항상 미래에 내가 어디서, 특히 어떻게 살 건지에 대한 질문을 받았다. "이 일이 나를 어디로 이끌지는 아직 잘 모르겠습니다. 될 수만 있다면 산속 어딘가에 있는 오두막에 살고 그곳으로 갈 때는 배낭 두 개에 넣을 만큼만 가지고 길을 떠났으면 제일 좋겠습니다. 더 이상은 아무것도 필요하지 않습니다.” 내 대답은 항상 같았다.

그리고 내가 살아가려면 필요하다고 대충 어림잡은 천 유로(환율로는 약 150만 원. 물가와 생활수준 등을 감안했을 때 100만 원 정도에 해당함—편집주)를 어떻게 벌 것인지에 대해서는 정확히 모르겠다고 말했다. ‘뭐 무슨 일이든지 생기겠지.’라는 게 내 심정이었다.

“저는 코치 양성 교육을 받았으니까, 강좌와 강연에 초대될 것입니다. 이것을 받아야겠죠.” 이렇게 대답했어도 여전히 많은 사람들은 내가 정말로 수중의 모든 재산을 떼어 놓을 준비가 되어 있는지 믿으려 하지 않았다. 그들은 “그래도 아직도 무엇인가 남아 있는 게 있죠?”하고 의심쩍게 물었다.

내가 “물론 남아 있는 것들이 있죠.”라는 대답을 하면, 상대방은 ‘그럴 줄 알았어.’라며 자기 생각이 옳았다는 마음에 눈에서 빛이 나는 것이 보인다. 하지만 나에게 남은 것은 바로 내 안의 창의력, 열의 그리고 감각과 같은 능력이라고 들려주면 이들은 크게 실망한다. 이렇듯 나의 대화 상대 대부분은 단지 돈이라는 한 가지 형태의 힘만 생각하는 것이다. 무수히 많은 사람들은 우리가 직접적으로, 즉시 돈으로 만들 수 없는 것들은 별 가치가 없다고 생각한다. 혹은 더욱 심한 경우에는 아예 이런 것은 존재하지도 않는다고 여긴다.

하지만 나에 대해 이렇게 회의적인 반응을 보이는 데는 또 다른 원인이 있다. 나와 이야기를 나눴던 몇몇 사람들은 내가 수십 년을 들여서 세워 놓은 것을 모두 포기하겠다는 나의 진심을 상상조차 하지 못했다. 이것을 어떻게 받아들여야 할지 몰랐던 것이다. 그들은 내가 착한 사마리아 사람처럼 등장하긴 했지만 실제로는 어느 정도 돈을 숨기고 있을 거라고 '마음 내키는 대로' 가정했다. 내가 한 모든 일이 결국에는 모든 사람들을 비웃을 수 있게 더 많은 돈을 벌어들일 시스템을 꾸며놓은 일이라는 것이다. 하지만 그렇게 해봤자 드러난 것은 자신들의 컴컴한 속내뿐이었다. 오스트리아 속담에는 이런 말이 있다. "악당이 생각하는 것 그대로가 바로 그 사람이다." 다른 누군가가 부정하고 진실을 말하지 않는다고 험담한다면 바로 자신이 그러한 상황에서 나쁘게 행동하고 거짓을 말하기 때문에 그렇다는 뜻이다.

하지만 〈크리스몬〉 편집장과의 대화는 나에게 좋은 기억으로 남아 있다. 기자들 중에서도 실제로 진실에 관심을 보이며, 그 진상을 밝히려고 불편한 질문도 마다하지 않는 사람들이 있다는 것을 종종 보여주었기 때문이다. 하지만 내가 청소년이었을 때 순진한 레온딩 사람들에게 팔아넘기려 했던 바로 그런 수준 낮은 신문들은 진실처럼 성가신 주제는 오래 다루지 못하고, 단순히 판매 부수만을 높이는 것으로만 눈을 돌린다. 예로, 한 백만장자는 실제로는 더 많은 돈을 긁어 모으고 싶어 하기 때문에 돈이 자신을 행복하게 해 주지 못했다는 이야기로 대중들을 속인다. 안타깝게도 진실보다는 이런 이야기들을 써야만 신문이 훨씬 더 많이 팔리기 마련이다.

어쩌면 지금쯤이면, 이런 신문에 쓰여 있는 것들이 대부분 거짓이라는 사실을 사람들은 다 알 것이다. 내가 두려워하는 것은 이런 일이 그렇게 단순하지 않다는 것이다. 즉, 이것은 누구나 별 영향을 받지 않을 거라고 생각하는 광고의 경우와 비슷한 원리이다. 누구도 자진해서 날마다 속는 일에 돈을 지불하지는 않을 것이다. 오히려 많은 사람들은 자기네들이 신문에서 읽는 것을 진실이라고 믿고 있다. 이런 신문에 그려지는 세계관이 독자들의 머리와 가슴, 그리고 영혼 속에 깊이 자리 잡아 그들이 행동하는 데 근원이 된다는 사실이 나는 걱정될 뿐이다.

여름으로 넘어갈 때가 되자 제비뽑기 판매 결과는 서서히 뚜렷해져 갔다. '마이 마이크로 크레디트'를 통해서 이미 많은 소액 대출이 이루어졌다. 오스트리아와 독일에 있는 학교의 학제간 연구를 하는 몇몇 프로젝트에서 이것을 주제로 다루기 시작했기 때문이기도 하다. 여기에 참여하는 학급들은 기금을 대는 우리 인터넷 사이트에서 자신들이 직접 각각의 프로젝트를 선별했다. 모든 것이 좋은 방향으로 흘러갔다.

이것을 보면서 나는 제비뽑기 후에 어디로 이사가고 싶은지 천천히 생각해 봐야했다. 나는 그러는 동안 집에서 홀로 지냈다. 어머니는 요양시설을 갖춘 곳으로 이사하셨다. 우리의 관계는 나이가 들면서 점점 더 여유로워졌다. 내가 수년 동안 매우 날카롭게 비판했던 일들을 이제는 다른 잣대로 평가하기 때문이었다. 예전에 나는 어머니의 임무를 인정하지도, 이해하지도 못했다. 지금은 그와는 반대로 기본적으로 다른 사람의 삶에 대한 생각에 대해 개방적 태도를 갖게 되어서 이런 문제를 훨씬 더 능숙하게 다룰 수 있었다. 그 밖에도 어머니가 나를 위해서 하신 일 중에서 많은 것들은 내 안에 간직되어 있다. 이런 생각이 들자 나는 어머니를 완전한 인격으로서 더 잘 이해할 수 있게 되었다.

내가 어디로 갈지는 여전히 불확실했다. 새로운 집이 어느 곳이 될지, 어떻게 생겼을지 전혀 상상이 안 되었다. 그 당시에 유일하게 알고 있던 사실은 마음이 알아서 제때에 내가 어디에 도착할지 말해줄 거라는 사실이었다.

종이 한 장을 놓고 가운데 줄을 죽 긋는다. 왼쪽에는 내 삶에서 가장 중요한 가치를 매길 수 있는 것들을 적는다. 여기에는 육체적, 정신적 건강, 친구들, 가족, 자연, 환경, 영성 등이 올 수 있다. 만약 다섯, 여덟, 열 개 항목이 적혀 있다면, 이들 중 더 중요하다고 생각하는 것은 위에, 덜 중요한 것은 아래로 나눠 본다. 그다음에는 종이의 오른쪽에 오는 과제이다. 이곳에는 일하는 날의 하루가 일상적으로 어떻게 지나가는지를 적어본다. 만약 여기에 예를 들어서, 여섯 시 기상, 급하게 커피로 아침 때우기, 사무실까지 45분 걸려서 도착, 열한 시간, 열두 시간 노동이라고 적은 게 보이면, 이 연습이 전달하고자 하는 메시지는 사실 말 안 해도 뻔하다.

# 새 출발

페리클레스는 다음과 같은 유명한 말을 했다. “행복의 비밀은 자유이며, 자유의 비밀은 용기이다.” 한편에서는, 자유로우려면 어느 정도 용기가 필요하다는 말이 실제로 옳다. 우리는 이를 위해서 몇몇 장애를, 특히 무엇보다도 가장 먼저 자기 머릿속에 있는 장애물을 넘어야 한다. 하지만 다른 한 편에서 생각해 보면, 인생을 부자유 속에서 살려면 이보다 더욱 큰 용기가 필요한 듯하다. 많은 사람들은 익숙했던 영역을 떠나면 몰락하지는 않을까 두려워한다. 내가 보기에 이것은 매우 무능력한 태도다. 원래 자기의 책임이었던 것을 외부로 미루려는 행위이기 때문이다.

따라서 나는 대부분의 유럽 사람들이 살아가는 것처럼 지금 그대로의 인생을 사는 것이 오히려 용감한 일이라고 생각한다. ‘저 사람이 계속 저렇게 살아서 얻는 것은 과연 무엇일까?’ 스스로에게 물어보았다. 그리고 알았다. 사람들은 확실한 것을 원했다. 하지만 그들은 눈에 보이는 확실함을 얻은 대신 평생 동안 불행과 벗하며 살지도 몰랐다. 그 사람들이 얻은 것은 그게 전부였다. 이에 반해, 인생의 커다란 발전은 자기 삶이 어떻게 바뀔지 모르는 데서 오는 불확실함을 통해 온다. 불행하게 계속 살아갈지 혹은 행복하게 성장하는 삶이 될지, 다행히도 아직은 최소한 둘 중 하나를 택할 수 있기 때문이다.

## 진짜 원했던 바로 그 삶

이것은 스스로 넘어야 하는 문제다. 하지만 자신을 해방시키는 일을 엄두조차 내지 못하는 사람들에게 이런 삶도 있다는 사실을 최소한 알려줄 수만 있다면 그것으로도 족했다. 누구라도 이렇게 살 수 있음을 보여주는 예가 바로 나다. 나는 오랫동안 다른 삶을 상상조차 할 수 없었다. 이전의 삶에서 벗어날 준비는 하나도 되어 있지 않았다. 하지만 이때 나를 찾아와 뒤흔들었던 질문이 있었다. "네가 인생의 끝에 서 있다고 가정해 보자. 만약 딱 하루의 시간이 남아 있다면, 무슨 일을 하겠는가?" 아침 여덟 시에 직장으로 가고 있는 사람에게 이런 질문을 던지면, 이 사람은 분명 이렇게 대답할 것이다. "그 자리에서

차를 돌려서 학교로 가서 아이들을 데리고 집으로 와서는 꼭 안아줍니다. 아내를 데리고 와서 그녀도 꼭 안아 줄 겁니다. 그리고는 모두 함께 좋은 하루를 보내는 거죠."

누구나 단 하루만 남은 시간에는 사랑하는 사람들과 멋진 이별을 하는 일이 가장 중요하다고 생각한다. 하지만 이 사람에게 한 달 혹은 두 달, 석 달이 남아 있다고 하면, 과연 이 사람은 무슨 일을 할까? 그렇게 긴 시간을 앞에 두고 "뭐, 평소 하던 대로 하겠지요."라고 말한다면, 남은 인생도 늘 그랬듯이 그냥 그렇게 지나가 버린다.

나는 사람들이 완전히 변해야 한다고 주장하려는 게 아니다. 그저 마음에서 옳다고 가르쳐 주는 방향으로 조금씩 움직이는 것만으로도 충분하다. 모든 사람이 자기 사업장의 문을 완전히 닫고, 손에서 일을 놓아버린 채 다 같이 알름Alm으로 이사해서 양이나 염소를 키우며 살아야 하는 것은 물론 아니며 그럴 필요도 없다. 이 책을 읽는 독자가 불행 속에서 편하게 적응하는 대신에 행동하기 시작한다면 그것만으로도 충분하다.

드디어 내가 원하던 그 삶을 이뤘다는 것은 현재 하루하루가 어떻게 시작하는지를 보는 것만으로도 알 수 있다. 예전에는 아침에 눈을 뜨면(올빼미형 인간이기 때문에 그다지 이른 시간에 일어나지도 않았지만) 얼른 커피 한 잔을 넘기고, 해야 할 일이 가득히 적여 있는 수많은 목록들을 만들어 체크했다. 때로는 너무나 많은 목록을 만들어서 어떤 순서로 원래의 투 두 리스트를 최적으로 처리할 수 있을지 정하기 위한 투 두 리스트가 필요할 때도 있었다.

하지만 현재의 나는 다른 방식으로 일한다. 아침에 일어나면 나는 무슨 일이 있어도 그날 반드시 해야 할 일들을 두세 가지 정도 결정한다. 투 두 리스트의 반대말이 꼭 '낫 투 두 리스트Not-to-do-List'라는 법은 없다. 나는 여전히 예전에 사업가로 일했을 당시처럼 성실하고 양심적으로 일한다. 그때와 다른 점이 있다면, 몇몇 중요치 않은 일들을 아직 처리 안 했더라도 이것 때문에 방해 받을 사람은 아무도 없을 거라고 생각한다는 점이다. 그간 투 두 리스트를 해내기 위해서 노예처럼 일하며 스트레스를 받았던 것에 비하면, 어딘가에 전화해서 "죄송하지만, 아직 끝내지 못했습니다. 내일까지 기다려주시기 바랍니다." 라고 말해야만 하는 편이 지금은 훨씬 더 낫다.

그리고 미룰 수 없는 중요한 일을 시작하기 전에 나는 우선 그날 그 일 외에 다른 일을 하고 싶은지를 스스로에게 묻는다. 이것은 나를 위해서도, 다른 사람을 위해서도 꼭 필요한 일이다. 그래서 아침에 기공체조를 짧게 하고 선禪 명상을 하거나 자연 속에서 그림, 소리, 냄새, 에너지를 들여 마시기 위해서 커피를 들고 밖으로 나간다. 그다음에 맑은 정신으로 일을 해 나간다.

그리고 나는 내 삶을 지출 가능한 돈의 수준에 맞추지 않으려고 매우 조심한다. 이것은 내가 돈을 악마 취급하는 것이 아니라, 의식적으로 돈이 들어오고 나가는 과정에 대해 관여하지 않겠다는 의미다. 내가 의식적으로 돈을 다룬다는 것은, 내가 가진 에너지 중에 얼마를 돈 버는 데 사용하고, 그 외에 중요하다고 생각하는 부가적인 것들을 위해 어느 정도의 힘을 사용할지를 결정하는 문제였다. 이렇게 자신이 가진 에너지의 거의 백 퍼센트를 일에 퍼부은 다음, 저녁이 되면 반쯤 실신한 상태로 집으로 돌아와 텔레비전 앞에서 잠들고 마는 삶이란, 껍데기만 남아 있는 인생이요 영혼이 텅 빈 미친 짓이다.

나는 부양해야 할 가족도 없고, 자신 외에는 책임질 사람도 없기 때문에 그렇게 쉽게 이야기한다는 말도 자주 듣는다. 그렇다면 가족들을 먹여 살리기 위해 전형적인 1천 유로 노동에 종사하는 사람들에 대해서는 도대체 뭘 어떻게 해야만 할까? 이 일이 계속될지조차 장담할 수 없는데 모든 것을 내던질 수는 없을 것이다. 이런 사람들을 위한 내 대답은 다음과 같다. 누구든 눈에 띄는 강점을 가지고 있다. 이런 모든 강점을 돈으로 보상해 줄 만큼 우리 사회가 그렇게 발전한 것은 아닐 수 있다. 하지만 그럼에도 불구하고 이 강점들은 모두 가치가 있다. 그리고 머지않아 돈으로든 아니면 더욱 중요한 힘의 형태로든 삶은 여기에 대한 대가를 반드시 돌려준다.

물론 새로운 삶을 통해 경제적으로 그다지 여유 있게 살지 못한다는 사실을 알면서도 그런 결정을 내리려면 큰 용기가 필요하다. 따라서 만약에 이런 결정을 하게 되면, 어디에서 돈을 절약할 수 있을지 우선 자문해봐야 한다. 그리고 정말로 자신이 필요로 하는 것이 무엇인지 생각해봐야 한다. 이렇듯 자기 인생을 철저하게 조사해 보면 처음에는 눈에 띄지 않더라도 많은 곳에서 절약할 수 있는 가능성을 찾게 된다. 우리는 돈을 지출하는 데 너무나 익숙해져 있어서 특정한 것들을 포기하는 일은 처음부터 불가능한 것처럼 생각한다. 하지만 이런 절차를 거치고 나면 포기할 수 없던 것 중에 대부분이 필요 없었다는 것을 깨닫게 된다.

## 키아라

나의 새로운 인생은 하늘에서도 영향을 끼쳤다. 새가 되어 살아왔던 지난 30년 동안은 물론이고, 앞으로 30년을 더 살아가더라도 단지 글라이더 타는 것보다 훨씬 더 흥미로운 일들이 너무나 많을 거라고, 언젠가 나 스스로에게도 말한 적이 있다. 글라이더 비행에서도 물론 아직 모든 것을 경험하지는 못했다. 단순히 완벽한 글라이더 조종사가 되기 위해서 내 영감을 집중시킬 수도 있었지만 그보다는 오히려 자연과 더욱 가깝게 접촉하면서 더욱 단순하게, 더욱 새에 가깝게 비행하고 싶었다. 이런 이유에서 나는 패러글라이더 비행을 시작하게 되었다. 오스트리아에서는 '헝겊조각비행'이라고도 부르는 패러글라이더에 대해 열정이 생긴 것은 나의 삶에 잠깐 들어와 나를 마구 흔들어 놓았던 한 여인 덕분이다.

우리는 내가 이미 이레네와 헤어졌을 당시에 알게 되었다. 하지만 만남은 그저 가상의 세계에서 이루어졌었다. 우리는 비행에 대한 열정 때문에 인터넷에서 서로에 대해 관심을 갖게 되었다. 그녀는 패러글라이더 조종사였는데, 우리는 서로 대등한 글라이더 조종사로서 '새가 되는' 느낌을 교환했다. 그렇게 우리는 둘이 서로 너무나 잘 어울린다고 느꼈고, 인터넷 대신 전화로 연락하기 시작했다. 그녀와의 통화는 점차 친밀하고 다정해졌고 마침내 우리는 다시 만날 약속을 정했다. 사실 만나기 전에 그녀가 약속을 취소해서 결국 만나지는 못했지만 말이다.

키아라. 그 당시에 나는 그녀의 이름 외에는 아는 바가 전혀 없었다. 그녀는 나에게, 자신은 아직 인생에서 풀어야 할 과제가 많고 게다가 찾아야 할 대답조차 많아서, 나와 만나는 것은 너무 시기가 이른 것 같다고 말했다. 그녀를 이해할 수 있을 것 같았다. 그리고 그녀는 나에게 들어왔던 것처럼 그렇게 빨리 내 인생에서 사라져 버렸다.

그런데 7년이라는 시간이 지난 뒤에 그녀로부터 다시 연락이 왔다. 2009년 섣달 그믐날에 인스부르크의 한적한 스키장이 보이는 산 위에 올라 있을 때였다. 휴대폰에 문자 메시지가 불쑥 하나 들어 왔을 때, 나는 해가 바뀌는 이 순간을 완전히 나 혼자 맞이하고 싶었다. "당신이 하고 있는 프로젝트가 많은 사람들의 마음과 영혼에서 빛이 날 수 있도록 해 주길 바랍니다. 새해 복 많이 받으세요. 키아라." 그녀와는 달리, 나의 신원에 관한 정보는 비교적 많았기에, 그녀는 집의 제비뽑기와 '마이 마이크로 크레디트' 에 관해 쓰인 신문 기사에서 나를 다시 알아볼 수 있었던 것이다.

나는 산 위에서 발아래로는 불꽃놀이를, 머리 위로는 맑은 하늘을 바라보며 서서 어떤 반응을 보여야 가장 좋을까 고심했다. 나는 개인적인 통화를 선호했기 때문에, 즉흥적으로 휴대폰의 녹색 단추를 눌러 그녀에게 전화를 했다. 그녀는 내가 전화를 할 것이라고는 전혀 생각지 못한 것 같았다.

그녀는 사실 나와 다시 연락을 주고받는 데는 전혀 관심이 없었다. 하지만 몇 분도 채 안 돼서 우리 사이에는 예전에 가졌던 친근함이 되살아났고 우리는 7년 동안 지키지 못했던 약속을 되풀이하기로 했다. 그녀는 신문을 통해서 내가 어떻게 생겼는지를 알았으며, 나에게도

“걱정하지 마세요. 당신도 나를 알아볼 수 있을 테니까.”라는 말을 했다. 그녀는 자기가 어떻게 생겼는지 눈에 띌 만한 사항을 이야기해 주었다.

우리는 1주일 뒤에 인스부르크 공항에서 만났다. 새 두 마리가 만나는데 이보다 더 적당한 장소가 있을까? 나는 만나기로 한 약속 장소에서 몇 분 정도 기다렸다. 한 여인이 주차 건물에서부터 나와서는 나를 향해 달려왔다. 나는 그 순간부터 그녀에게 완전히 반해 버렸다. 나는 그녀가 움직이는 방식을 좋아했다. 그녀의 움직임은 표범을 연상시켰다. 그녀의 웃는 법과 말하는 방식이 마음에 쏙 들었다. 하지만 무엇보다도 그녀가 발산하는 놀라운 에너지를 좋아했다. 우리는 심적으로 너무나 집중적으로 만났기 때문에 마치 그녀를 오래전부터 알고 있었다는 느낌이 들 정도였다. 그녀가 언어나 행동으로 어떤 의사를 전달하는지에 상관없이 매우 자연스럽게 그녀를 이해할 수 있었다. 그때까지 이런 것은 나에게 상상도 할 수 없는 일이었다.

그녀와의 이런 만남은 19주 반 동안 끊이지 않고 계속되었다. 나는 이전에 그 누구와도 가져보지 못한 그런 강렬한 감정을 그녀를 통해서 경험했다. 이것은 일종의 최상의 영적 유대감과도 같았다.

하지만 그녀는 갑자기 모든 것을 중단시켰다. 그녀는 너무나 갑작스럽게 나와의 연락을 끊어버렸다. 앞에서도 말했듯이, 그녀는 자신의 인생을 혼자 가야만 했기 때문이다. 이런 사실은 나를 매우 아프게 했지만, 또한 그녀를 위한 올바른 길이라는 것도 느꼈다. 따라서 나는 고통스러웠지만 그녀를 놔 주었다.

나는 그녀를 통해서, 어떤 사람이 어느 부분에 있어 나와 완전히 다르더라도 그 사람을 그냥 그대로 받아들이는 법을 배웠다. 다른 사람이 나를 상처 입히더라도 내가 그에게 화가 나지 않을 수도 있으며, 심지어 그를 존중하고 사랑할 수 있다는 것은 이전의 나에게는 있을 수 없는 일이었다. 하지만 나는 누군가 이러한 상황에서 나를 다치게 하려고 일부러 그렇게 행동하는 것이 아니라, 단순히 다른 선택이나 좀 더 나은 방법이 없기 때문에 그럴 수밖에 없었다는 것을 이해했다.

그녀가 내 인생에서 사라지고 난 후에 우리는 아주 가끔 이메일로 연락을 주고받았다. 그녀는 한번은 왜 내가 패러글라이딩을 시작했는지 물었다. 나는 그녀에게 이렇게 대답했다.

"15년 전에 나는 뉴질랜드에서 2인 탠덤 패러글라이딩을 한 적이 있었는데, 그때 많은 것을 만끽했어요. 고요함, 내 피부로 와 닿는 바람, 온도의 차이, 땅과 숲의 냄새, 움직임에 느림이 있다는 점, 나무와 길게 자란 풀들에서 볼 수 있었던 바람의 움직임, 그리고 그 밖에도 많은 것들을.

하지만 거품이 일어날 만큼 크게 감격하기에는 한 가지 빠진 것이 있었지요. 바로 날개로 바람을 가르며 하늘을 나는 새처럼 비행하는 감각이었어요. 나는 이것이 일종의 낙하산과 같은 것이 아닐까 추측했지요. 그래서 자중에 한번 패러글라이딩을 시작해 보겠다고 작정했지요. 그래놓고는 글라이더 비행일로 이 일을 계속해서 뒤로 미뤄왔어요.

몇 년 뒤에 나는 반짝이는 눈을 가진 멋있고, 매력적이며, 매우 섬세한 여인을 한 명 알게 되었어요. 그녀가 패러글라이딩에 대해서 이야기할 때면 항상 그녀의 눈은 더 많이 반짝였어요. 그녀는 마치 갈까마귀처럼 비행할 때의 느낌을, 마치 스스로 날개를 가진 듯한 느낌을 이야기했지요. 그리고 나도 그녀와 매우 비슷한 것을 느꼈고, 그녀가 감지한 것에 익숙했기 때문에 너무나 호기심이 생겨서 패러글라이딩 맛보기에 등록했어요.

이미 지상에서 훈련하면서도 저는 뉴질랜드에서 해 보았던 비행과는 또 다르다는 느낌을 받았고 드디어 산비탈 연습장에서 패러글라이더를 타고 뛰어내렸을 때, 이것을 확실히 감지했어요. 와우! 내 허리와 팔에 날개가 자라서 마치 진짜 날개가 몸에 달려있는 것 같았어요. 그리고 그 날개 위로 내가 항상 그렇게도 느끼고 싶어 하던 바람을 느낄 수 있었어요. 행글라이더를 탈 때도 정말 짧은 순간밖에 느끼지 못했던 것을 그렇게 강렬하게 느끼다니. 나는 바람을 채운 날개가 이토록 위풍당당하면서도 동시에 자연스럽게 느껴질 거라고는 기대하지 못했어요.

그래요, 탠덤 조종사에 붙은 자루 속에 들어간 채 비행하는 것과 스스로 날개를 달고 나는 것의 차이는 굉장했어요. 특히 원래부터 한 마리 새였던 사람에게는 말이죠."

이렇듯 찬사로 가득 찬 내 글에 키아라는 나흘 동안 아무런 대답도 하지 않았다. "당신의 영혼을 평화로 이끄는 그 길로 당신이 가길 바랄게요. 잘 있어요. 키아라."

우리 영혼이 각자 평화로 들어서는 길을 가는 것은 각자가 짊어져야 하는 본질적인 삶의 과제 중 하나이다. 하지만 거기로 이끄는 모든 길을 알아야 할 필요는 없다. 단지 중요한 것은 한 걸음 한 걸음이 그곳으로 우리를 더 가깝게 하는지 아니면 반대로 멀리 떨어지게 하는지를 알고 깨닫는 일이다.

## 내 영혼을 깨우는 대차 대조표

집 추첨을 통해서 내 이야기가 유명해 질수록 내가 어떻게 나의 길을 찾게 되었는지 이야기를 들려주기 위해 강연이나 강좌에 더 자주 초대 받았다. 이러한 행사는 다른 사람들이 정확히 내가 지나온 길을 걸어야 한다고 확신시키려는 자리는 결코 아니었다. 나에게 있어 올바른 길이라고 증명된 길이 다른 사람들을 동일하게 마음의 평화로 이끌어 준다고 믿는 것은 외람된 일이다. 나는 어떤 누구에게도 내 인생의 길을 강요하고 싶지 않다.

그러면서 나는 동시에 이십 년 동안 내 안에서 잠들고 있었던 것처럼 많은 사람 안에도 역시 이런 갈망이 이미 오랜 시간 잠들어 있다는 것을 느꼈다. 나는 이 사람들에게 자신의 마음이 하는 말에 귀를 기울이고 바로 현재에 살기 위해, 올바른 방향을 향해 크고 작은 발걸음을 내딛으라는 용기를 주고 싶다. 추억에 매달리거나 혹은 지나간 문제를 처리하는 데에 머무르기 때문에 과거는 안 된다. 또한 자신의 생각을 항상 다음 목표를 이루려는 데로만 데리고 가기에 현재의 상태에 결코 만족할 수 없는 미래도 충분치 않다.

내가 하고 싶은 말을 다음 이야기로 설명하고 싶다.

한 제자가 선사와 함께 길을 걷고 있었다. 그는 자기 스승에게, "스승님, 선의 본질이란 무엇입니까?"하고 물었다. 선사는 길을 계속 걷다가 몇 발자국을 가고 난 뒤에 이렇게 대답했다. "걸어가면, 걸어간다." 이 두 사람은 조금 뒤에 밥을 먹었다. 제자는 다시 똑같은 질문을 스승에게 던졌다. "스승님, 선의 본질은 무엇입니까?" 그러자 선사는 이렇게 대답했다. "밥을 먹으면, 먹는다." 제자는 이렇듯 선사의 입에서 결코 명확한 답을 듣지 못한다. 그러나 그는 선사가 말한 것에서 대답을 유추할 수 있었다. 바로 지금 이곳의 현재에 존재하며 모든 순간을 신중히 살아라. 그것이 선사가 말하고자 한 답이었다.

이것은 스스로에게 삶의 의미가 무엇인지를 자주 묻곤 했던 나를 위한 대답일지도 몰랐다. 삶의 의미란 삶 자체, 즉 매 순간의 삶이다. 내가 강연에서 진정으로 사람답게 사는 것에 대해 이런 생각들을 이야기할 때면, 나는 청중들의 눈이 반짝거리기 시작하는 것을 매번 경험한다. 청중들은 빡빡한 회담일정에 매우 피곤한 상태였다. 그런데 내가 나의 삶에 대해 이야기를 들려주고 일반적으로 사람됨에 대해 말하면, 그들은 자세를 가다듬고 잡담을 그만두며 얼굴에는 부드러운 표정이 돌고 눈에서는 빛이 난다.

이런 강좌에서 나는 청중들이 눈을 뜨게 하기 위해서 가치와 시간을 나란히 세워보게끔 한다. 이 과제는 다음과 같다. 종이 한 장을 놓고 가운데 줄을 죽 긋는다. 왼쪽에는 내 삶에서 가장 중요한 가치를 매길 수 있는 것들을 적는다. 여기에는 육체적, 정신적 건강, 친구들, 가족, 자연, 환경, 영성 등이 올 수 있다. 만약 다섯, 여덟, 열 개 항목이 적혀 있다면, 이들 중 더 중요하다고 생각하는 것은 위에, 덜 중요한 것은 아래로 나눠 본다. 그다음으로 종이의 오른쪽에는 일하는 날의 하루가 일상적으로 어떻게 지나가는지를 적어본다. 만약 여기에 예를 들어서, 여섯 시 기상, 급하게 커피로 아침 때우기, 사무실까지 45분 걸려서 도착, 열한 시간, 열두 시간 노동이라고 적은 게 보이면 이 연습이 전달하고자 하는 메시지는 사실 말 안 해도 뻔하다.

종이의 왼쪽 가장 윗줄에 가족과 친구라고 적은 사람이라면 저녁 여덟 시까지 사무실에 앉아 있는 일은 견디기 어렵지 않을까? 만약 육체적, 정신적 건강이 그 뒤에 온다면, 저녁에 텔레비전을 보면서 정신을 이런 똑똑한 정크 푸드로 채우는 것만이 유일한 운동인 삶을 어떻게 견딜 수 있을까? 이렇게 대조해 보면, 많은 사람이 자신이 진짜 원하는 것과는 정반대의 일을 하고 있다는 것을 확인할 수 있다. 전혀 중요하지 않은 가치들은 왼쪽 가장 아래쪽에 쓰여 있는데, 이 항목들 때문에 대부분의 시간과 힘을 소비하고 있다는 것을 지각한다. 그제야 사람들은 이건 정말 아니라는 것을 깨닫는다.

이런 깨달음으로 무엇을 시작할지는 각자 스스로 알아내야 한다. 아무도 나를 대신해서 올바른 결론을 이끌어내지는 못한다. 다만 내가 이런 행사를 통해서 그들에게 진정한 책임을 찾는 즐거움을 알려주고 이것이 전혀 부담이 되지 않는다는 사실을 보여주는 데 성공했다면, 그것만으로도 나는 이미 많은 것을 얻은 것이다.

딱 한 가지는 확실하다. 다른 사람이 책임을 대신 짊어질 수는 없다. 정치가도, 대중매체도 그리고 자본주의 경제시스템도 말이다. 만약 사람들 각자가 인생에서 변화를 이끌어 낸다면, 그 영향력이 얼마나 커질 수 있는지는 그레고르 지빅의 사례에서 볼 수 있다. 그는 나보다 훨씬 어린 나이에 자신의 길을 가야 한다는 것을 깨달았다. 학업을 마치고 외국에서 얼마 동안 머무르다가 스물여섯 살에 그는 세계은행으로부터 유혹적인 제안을 받았다. 많은 사람들은 "우아! 거기에 들어가면 월급도 끝내주고, 고생해서 살 필요도 없고, 인생 보장됐네."라고 말했다. 하지만 그는 "내가 진정으로 원하는 것이 무엇일까?"라는 중요한 질문을 던졌다. 그리고는 세계은행의 제안을 거절했다. 그가 정말 원했고, 여전히 원하는 것은 사람들이 더욱 세계를 의식하면서 사는 법을 배우며 지구에 있는 천연자원을 소중하게 다루는 일에 기여하는 것이었기 때문이다.

그래서 그는 그대로 길을 떠났다. 3년 동안 세계의 절반을 돌아다니면서 수없이 많은 인터뷰를 하고 수많은 사람을 만났다. 그 후에 그는 여러 강연회를 열고 자신의 여행을 기록한 책인 《세계방랑자 *Weltenwanderer*》를 냈다. 그는 책 안에서 다음과 같은 계산을 이끌어냈다.

"나는 오늘 더 의식적으로, 더 단순하며, 더욱 책임감 있게 살기로 결심했습니다. 그리고 이 변화를 실행시키기 위해, 그리고 다른 사람들도 마찬가지로 의식적으로 행동하게끔 이끌기 위해서 나에게 1년이라는 시간을 할애했습니다. 그다음 해에는 나로부터 영감을 받은 사람들과 나는 각자 또 다른 사람들을 찾아서 이들도 역시 우리처럼 행동하도록 하는 갈망을 일깨워줍니다. 이렇게 해마다 계속해서 점점 더 많은 사람들이 저희와 함께합니다. 단지 30년만 있으면 이런 방법으로 세계를 변화시킬 수 있습니다. 2에 33번을 거듭제곱해 나가면 9억이 넘기 때문입니다. 그러면 사람들 모두는 단지 한 사람에게서부터 시작한 변화를 통해서 마침내 더 많은 의식을 갖고 살게 됩니다."

사람들 머릿속에 변화의 씨앗을 심어 주는 게 목적이었던 한 회의에서 나는 매우 강렬한 영감을 주는 강연을 들은 적이 있었다. 나는 오랫동안 이 일에 대해 생각해 보았다. 이 강연은 오스트리아의 행동연구가인 콘라트 로렌츠의 "돼지 기르기" 이론을 주제로 다뤘다. 이 강연은 멧돼지의 사진 한 장과 전형적인 집돼지의 그림을 보여주는 것으로 시작했다. 발표자는 이 두 돼지가 어떤 차이가 있는지, 단지 외형적인 모습이 아니라 각각의 돼지가 어떻게 느끼고, 서로를 비교했을 때 어떤 장점과 단점들이 있는지 하는 방식에 대해 질문을 던졌다. 사람들이 활기차게 차이점들을 늘어놓기 시작했다. 멧돼지는 숲속에서 자유롭게 살면서 원하는 것을 하면서 살 수 있다. 이것은 정말 환상적인 일이다. 겨울이 다가오기 전에 몸에 지방을 축적해 두면, 추운 겨울조차도 견딜 수 있다. 만약 사냥꾼이 쏜 총에 맞아서 죽는 것처럼 자연사하지 못한다는 무서움이 존재하지 않는다면, 모든 돼지는 가능한 한 멧돼지로 살고 싶어 할 것이다.

하지만 집돼지로 사는 것에도 나름대로 이점이 있다. 날마다 먹이 걱정을 하지 않아도 된다. 돼지 치는 사람이 먹이를 주기 때문이다. 그는 돼지를 빨리 살찌우는 데 관심이 있다. 겨울에도 집돼지들은 추위에 떨 필요가 없다. 사계절 내내 항상 돼지우리에만 있으니까 말이다. 게다가 사냥꾼의 총에 맞아 죽는 것을 두려워할 필요도 없다. 어차피 녀석들은 '자연적으로' 죽을 일이 없기 때문이다. 바로 도축장에서, 그것도 대부분은 일 년밖에 살아보지 못한 채 죽는다.

멧돼지들은 평생을 자유 속에서 살면서 먹이를 찾아다니기 위해 약간 더 고생해야 한다. 그리고 사냥꾼의 총에 맞아서 이른 나이에 죽어야 한다는 약간의 위험을 안고는 있다. 이와는 반대로 집돼지는 우울한 삶을 산다. 이들이 가진 유일한 삶의 가치는 쓸모 있는 성과를 올리는 것, 즉, 돼지 자신에게 놓여 있다. 강연자는 이어서 왜 이토록 많은 사람이 집돼지가 되기로 했는지를 물었다. 그가 강연을 마치고 떠났을 때 사람들의 얼굴에는 당혹감이 가득했다.

## 소유에서 향유로

2010년 8월에 방송국 사람들과 신문기자들, 그리고 법무사가 수년 동안 집돼지로 살아왔던 텔프스의 내 돼지우리에 들어왔을 때도 그와 같은 모습이었다. 드디어 집 추첨이 시작되었다. 추첨은 저 멀리 산이 보이는 거실에서 시행되었다. 21,999개의 제비뽑기 용지가 모두 팔렸다. 제비뽑기를 산 사람들 중에는 행운을 바라며 구입한 사람들도 있었으며, 당첨되면 집을 얼른 되팔아서 이 돈을 '마이 마이크로 크레디트'에 기부하려는 사람들도 있었다. 집을 개방한 날에 관심 있는 사람들 중 몇몇을 알 기회가 있었다.

이들은 집을 여기저기 돌아다니면서 정원에 있는 바와 피트니스 공간을 보면서 감탄하기도 했다. 어떤 사람들은 내 프로젝트와 나에 대한 이야기에 관심이 있었는데, 또 다른 사람들은 이들과는 반대로 나에게는 전혀 관심이 없는 듯 보였다. 나는 이미 오래전에 마음속에서 집과 작별 인사를 나눴다. 당첨자가 뽑히는 순간, 집에서 떠나야 했으므로 뱃속에 무언가 뭉쳐 있는 듯한 기분으로 거실에 서 있어야 했다면 매우 비참했을 것이다. 그랬더라면, 난 아마도 이 모든 일을 진행할 수 없었을지도 모르겠다.

집 열쇠를 건네받게 될 사람을 뽑는 매우 긴장된 순간이었다. 법무사의 감독 아래 다섯 개 숫자를 차례대로 뽑았다. 당첨자는 오스트리아 사람이 아닌, 독일 바이에른 지방 출신의 한 여성이었다. 마치 우리 활동을 독일에까지 확장시킨 것이 옳은 일이었다는 것을 확인해준 듯했다. 마침내 이 여성에게 전화를 걸었을 때 자기의 행운을 믿지 못하는 당혹한 여성의 목소리가 수화기 너머에서 들려왔다. 나는 이 추첨과 함께 이전의 내 인생으로부터 마지막 발걸음을 떼어놓을 수 있었다.

방송관계자들이 집을 떠났을 때, 나는 더 이상은 내 소유가 아닌 집의 거실에 한동안 앉아 있었다. 그런데 그것이 매우 의미 있는 일이었음에도 불구하고 나는 그 순간에 정작 무언가 특별한 것도, 무언가 극적인 느낌도 받지 못했다. 영화에 보면 이런 장면에서는 심벌즈와 트럼펫의 C단조 음악이 감정이 가득 차서 흐르곤 했다. 카메라는 영화를 보는 관객들이 주인공의 눈을 볼 수 있도록 그의 얼굴을 클로즈업했다가 먼 곳을 비출 것이다. 하지만 나는 그냥 거실에 앉아서 모든 일이 잘됐다고 느꼈을 뿐이다. 나는 드디어 새로운 삶을 시작할 수 있었다.

다음 며칠 동안 나는 당첨자와 이사를 어떻게 할 건지 의논했다. 이삿짐을 꾸리는 데 아직 몇 주 정도의 시간이 남아 있었다. 이 시간 동안 가장 흥미로웠던 일은 내가 더 이상 필요하지 않은 것들이 무엇이며, 물건들로부터 해방되는 게 얼마나 쉬운지를 깨달은 점이었다. 여기에는 더 이상 입기 싫은 비즈니스 정장들, 우승컵들, 내 성공을 증명해 주는 서류와 다른 증명서들이 들어 있었다. 나는 원래 계획했던 것보다 더 많은 것들을 그곳에 남겨 놓았다. 내가 정말로 들고 올 것들은 가방 몇 개와 상자 몇 개 안에 다 들어갔다.

그런데 이제 어디로 가지?

나는 매우 간소한 집을 찾고 싶었다. 아무 곳이나 도시에서 멀찍이 떨어져 자연이 있는 곳이라면 어디든 좋았다. 자신의 농가 옆에 조그마한 오두막집을 세놓은 어떤 부인에게서 원하던 곳을 찾았다. 원래 이곳은 티롤에서 전형적인 산정 휴가를 경험하고 싶어 하는 사람들이 밤을 지새우던 곳이었다.

19제곱미터 크기의 집은 네 부분으로 나뉘어 있었다. 이곳에는 화장실이 딸린 욕실과 좁은 부엌, 그 맞은편에는 보일러와 옷장이 있었는데, 이 옷장은 옷장이면서 동시에 거실과 주방 쪽을 침실과 나눠주는 칸막이 역할을 했다. 그 앞에 테라스가 있고 거기에서는 끝없이 펼쳐져 있는 바깥 경치를 바라볼 수 있었다.

첫날밤을 이곳에서 지냈을 때, 나는 정말 '지금'에 도착했다는 느낌을 받았다. 이곳으로 들어올 때부터 이미 모든 것이 환상적이었다. 나는 패러글라이더 강좌가 끝난 후에 이곳에 도착했는데, 이때 너무나 부드럽게 "매애애애" 하는 소리가 들렸다. 저만치에 뿔이 1미터나 되는 멋지게 생긴 거대한 숫염소 한 마리가 서 있었다. 그러나 그 염소의 울음소리는 결코 우렁찬 소리가 아니었다. 속으로 '말이 잘 통하겠는 걸. 너하고 이제 이야기나 좀 나눠야겠다.'는 생각이 들었다. 우리는 비교적 빨리 친구가 되었다. 알고 보니 그는 염소 집안의 조용한 가장이었다.

다른 염소 일곱 마리와 양 두 마리가 그 염소와 더불어 살았다. 녀석은 사람들이 자기와 놀아주는 것을 매우 좋아했다. 한번은 그를 덥석 움켜잡았는데, 이것은 놀라운 경험이었다. 염소의 목 힘은 대단했다. 그는 그 후로 내가 그곳에 가면 나에게 인사를 하고, 나와 놀려고 자기 뿔을 나에게 가져다 비벼댔다.

새로운 집에 앉아 있으면, 내가 가장 아름다운 세상의 끝에 정말 도착했다는 느낌이 몰려온다. 이곳에서는 시냇물 흐르는 소리와 바람이 나뭇잎에 스치는 소리밖에 들리지 않았고 자연의 끝없는 힘을 느낄 수 있었다. 몇 번인가 밤중에 집에서 나와 어둠 속을 산책한 적이 있었는데, 그때 '이것이 바로 내가 지금 살아가고 싶은 그런 삶'이라는 사실을 깨달았다. '텔프스에 살았을 적에 이미 이런 것을 시도해 볼 수 있었을 텐데. 하지만 그곳에서는 어울리지 않았겠지.' 칠흑처럼 깜깜한 밤에 산책하려고 집을 나선다는 생각조차 하지도 못했을 거다.

분명 내 삶에 무엇인가가 변한 것이 틀림없다.

나는 행복한 삶을 살기 위해서는 아무것도 소유할 필요도, 많은 것을 할 필요도 없다는 것을 깨달았다. 단지 한 가지 일만으로도 충분하다. 바로 존재하는 것이다.

# 후기

## 나에게로 가는 길

새로운 집의 테라스에 앉아 있으면 여전히 마음이 뭉클해진다. 바로 내 앞에 알름의 초원이 펼쳐져 있고, 1킬로미터 정도 떨어진 언덕 위에 교회 탑이 우뚝 솟아 있다. 로판 산맥의 전경이 이 모든 것을 감싸고 있다. 이 스스로 선택한 고독은 그저 너무나 아름답다고밖에 표현할 길이 없다. 어쩌면 저 교회 탑이 나와 인간 세상을 어느 정도 연결해 주고 있기 때문인지도 모르겠다. 이것은 내가 원하는 대로, 은둔 속에서 오로지 나 혼자만을 위해서 있을 필요가 있다는 상징이다. 이 오두막에서 나는 길의 끝에 도달했다. 동시에 이곳은 또한 새로운 길의 출발점이기도 하다. 이 길이 나를 어디로 인도할까? 아직은 잘 모르겠다.

이 새로운 여정에서 어떤 경험을 하게 될지 나도 참 궁금하다. 나는 이 책에서 어떤 길이 불행으로 연결되는지에 대해 적었다. 그토록 오랫동안 스스로 걸어왔지만 불만족스러웠던 그 길에 대해서 말이다. 아마 새로운 인생을 살다 보면 이전 삶에서 누렸던 편안함을 좋게 평가할 순간들이 있을 것이다. 예를 들어서 폭풍우가 몰아칠 때 내 오두막으로 가려면 질퍽한 풀밭을 지나 완전히 젖은 채 추위 속에 앉아 있어야 할테니 말이다. 하지만 이런 것 때문에 내가 지닌 본질적인 만족감이 무너지는 일은 없을 것이다.

이전의 나는 때때로 찾아오는 행복의 순간 탓에 잠깐씩 멈추면서 오랫동안 불행한 삶을 살았다. 하지만 지금의 나는 가끔 불평스러운 순간들을 감수해야만 하는 행복한 삶을 살고 있다. 나는 지금처럼 바뀐 것이 훨씬 더 마음에 든다.

2010년 가을에 집이 낙찰된 후, 성 프란치스코의 길을 걷기 위해서 몇 주 동안 이탈리아로 떠났다. 이 길은 토스카나와 움브리아 지역을 통과해서 포지오 부스토네의 어느 곳에 이르러 끝난다. 이곳은 내가 글라이더 비행기를 타고 자주 날았던 곳이기도 하다. 이제는 이 지역을 풀이 자란 높이에서도 둘러볼 수 있는 기회가 왔다. 이곳은 성지길 중에서는 덜 알려져 있기 때문에 스페인의 산티아고 순례 길처럼 사람들로 붐비지 않는다. 사람들은 아시시를 비롯해 늠름하게 서 있는 교회들로 인해 마치 시간이 멈추어 버린 듯이 보이는 마을들과 성 프란치스코가 머물렀던 많은 곳을 지난다.

나는 거의 매일 걷고 하늘 아래서 혹은 은둔 생활을 했던 수도승의 거처에서 자면서 이 시간을 내면으로 돌아가는 시간으로 활용했다. 그렇게 3주 동안 걸으면서 '길이 목표다'라는 말 뒤에 숨어 있는 뜻이 무엇인지 이해가 되었다. 이와 같은 순례 길 답사는 어딘가에 도착하는 것이 아니라, 걸어가는 과정과 매 순간을 내면으로 받아들이는 태도가 중요하다. 중세적 풍경과 먼 골짜기를 넘어 지평선까지 이어지는 광경, 사람들의 무뚝뚝한 친절함을 마음으로 받아들이는 일 말이다.

내 인생에 있어서도 이런 태도는 근본적으로 동일하다. '나에게로 가는 길'은 정말이지 매우 긴 여정이었다. 이런저런 것들이 나를 불행으로 이끌고 나의 길에서 오히려 멀어지게 한다는 느낌을 받았을 때부터 시작되었으니 말이다. 그것이 아니라는 것을 깨달으면 깨달을수록, 무엇이 될 수 있는지에 대한 생각을 더욱 많이 하게 되었다. 추측하건대 대부분의 사람들은 이게 무엇인지 알지 못할 것이다. 하지만 올바른 길을 가고 있음을 느끼는 것만으로도 매우 행복해진다. 그래도 도중에, 아니 어쩌면 멈춰선 때마다 어디로 갈 지 새로운 방향을 결정하는 일을 피할 수는 없을 것이다.

내가 결심한 대로 실제로 한 달에 천 유로만 가지고 생활하는 게 지속적으로 가능할지는 아직 말할 수 없다. 물론 이것만으로도 세계 전체 인구의 90퍼센트보다 내가 더 많은 생활 밑천을 가졌다는 사실을 잘 안다. 하지만 우리 사회는 최대한 아끼고 또 아끼며 살아도 금세 천 유로가 바닥나도록 비싼 비용을 발생시킨다. 하지만 이전보다는 내가 상당히 많이 의식하면서 돈을 쓴다는 사실을 확실히 알았다. 그리고 최소한 나에게 주어진 시간의 절반을 돈을 버는 데 소모하지 않으려고 조심한다.

인스부르크에서 알게 된 한 인도 사람이 한번은 나에게 삶의 의미가 무엇인지를 물었다. 나는 '존재하는 것'이라고 짧게 대답했다. 이것은 행복, 만족, 삶의 기쁨, 그리고 내면의 미소가 나뿐만 아니라 다른 사람에게서도 생겨날 수 있도록 나의 에너지와 삶의 시간을 활용하는 것을 의미한다.

나는 전체 체계, 하나의 커다란 전체를 이루려는 이러한 나의 노력을 중요하게 생각한다. 솔직히 말하면 '지속성'이라는 단어를 좋아하지는 않지만, 전체적인 에너지 차원에서 지속성을 위해 내가 무언가를 기여할 수 있게 되기를 원한다. 우리의 인습적인 사고는 단지 없애는 데에만 바탕을 둔다. 소비란 이것과 다르지 않다. 하지만 우리가 계속해서 없애기만 한다면, 언젠가는 자연에서처럼 머릿속도, 마음속도 그리고 영혼도 모두 텅 비게 될 것이다. 나는 이것을 막고 싶다.

나는 독자들이 이 책을 본보기가 아니라, 하나의 생각거리로 사용했으면 한다. 나는 다른 사람들에게 어떻게 살아야 하는지를 지시하고 싶지 않다. 나는 스스로를 선구자가 아닌, 살구를 따는 사람이라고 생각한다. 선구자는 나무로 가서 살구가 대부분 아직 안 익은 것을 본다. 곧바로 먹을 수 있는 것은 한두 개밖에 없다. 그는 나무 아래에 서서 나머지 살구에게 다음과 같이 소리친다. "여기 살구 두 개 좀 보라고. 너희도 이 살구들처럼 빨리 익어야 해."

나는 이런 선구자라기보다는 차라리 이렇게 질문하는 사람이고 싶다. "오늘은 살구 몇 개를 먹을까?" 만약 한두 개가 먹고 싶다면 그만큼만 따온다. 그런데 살구 네 개가 먹고 싶다면, 아직은 덜 익은 푸른 살구를 딸지 아니면 좀 더 참을지를 고민해야 한다. 살구들이 익는 과정을 내 욕구에 맞추기를 기대할 수는 없는 일이다.

모든 살구는 언젠가 익게 마련이다. 며칠 빨리 익는 살구도 있고, 며칠 늦게 익는 살구도 있다. 가장 처음 따낼 수 있는 살구가 가장 좋은 살구라고 하는 사람은 아무도 없다. 그리고 익지 않은 열매에 대고 소리치는 것도 쓸데없다. 그렇게 한다고 살구가 익지 않는다. 사람들도 마찬가지다. 누가 무슨 일을 하라고 옆에서 종용하면 할수록, 사람들은 마음 내켜하지도 않고 그렇게 원대로 성장할 가능성도 적다.

살구나무의 예를 가지고 계속해서 이야기해 보자. 우리는 나무가 혹시 물이 더 많이 필요한지 아니면 거름이 더 필요한지 생각해 봐야 한다. 어쩌면 나무는 "너, 벌써 살구를 두 개나 익게 했구나. 대단해. 하나를 따서 먹어 보고 얼마나 맛있었는지 너한테 말해 줄게."처럼 애정이 가득 실린 말을 듣고 싶어 할지도 모르겠다. 이것은 믿건대 둘 모두에게 좋을 것이다. 나무는 나머지 살구들을 더 빨리 익게 해야겠다는 동기를 얻을 테니 말이다. 하지만 나무는 여타의 도움 없이 스스로의 힘만으로 과실을 익게 해야 한다. 이것은 값진 일이다. 또한 이것은 자연의 이치이기도 하다.

나는 이처럼 살구 따는 사람의 역할을 수행해서 사람들이 자기 마음에서 우러나오는 목소리를 받아들일 수 있도록 힘이 되어 주고 싶다. 그리고 이런 목소리가 울려 퍼질 수 있는 사막에서 이 일을 진행하고 싶은 마음이 너무나 크다.

그런 사막 세미나가 가능한 장소를 물색하기 위해서 나는 2010년 겨울에 한 사막으로 여행을 떠났다. 연락 담당자 역할을 할 독일 부부와 베두인 사람 두 명과 함께 나는 지프를 타고 모랫길을 달렸다. 이렇게 두 시간 정도 차를 타고 갔는데, 도중에 나는 이 지프가 운송 수단으로는 부적합하다는 것을 깨달았다. 우선 너무나 시끄러웠고, 외부와 나를 차단해서 주변을 이해하기가 어려웠다. 그리고 비교적 빠른 속도로 이동하기 때문에 세세하게 주위를 볼 수도 없었다. 그래서 나는 사막을 내 온 감각으로 느끼기 위해서 수시로 차에서 내려서 직접 발로 걸었다. 이렇게 하고 나서야 비로소 사막의 규모와 공허, 건조함 그리고 뜨거운 열기까지 완전하게 경험할 수 있었다.

특히 저녁이 되면 사막이 주는 고독감과 조용함은 나에게 깊은 감동을 선물해 주었다. 사막의 밤은 낮보다 더 흥미롭다. 저녁 여섯 시 정도가 되면 어둑해졌는데, 그러면 곧 하늘은 별로 가득해진다. 중앙 유럽의 하늘에서 보던 것보다 훨씬 더 맑은 밤하늘이다. 다음 날 아침 여섯 시에 다시 해가 뜰 때까지 사람들이 꿈을 꾸고 하늘을 바라볼 수 있도록 실로 무한한 시간이 주어진다.

마지막 밤에 사막 여우 한 마리가 나에게 와서는 함께 놀고 싶어 했다. 그는 내 침낭의 발 끄트머리를 잡아당겼는데, 어찌나 부드러운지 다음 날 아침에 침낭에는 이빨 자국 하나 남지 않았다. 하지만 나는 그날 밤에 내 앞에 있던 다른 사람들처럼 약간은 무섭기도 했다.

베두인 사람 중 한 명은 그 다음 날 자기와 함께 여행했던 한 여자에 대한 이야기를 들려주었다. 그녀는 사막 여우들이 울부짖는 소리를 듣고는 무서워서 전혀 잠을 이룰 수 없었다. 그래서 그 베두인 사람은 그 여자한테, "당신이 닭이에요?"라고 물었다고 한다. 닭이 아니고서야 여우를 무서워할 필요가 없기 때문이다. 기껏해야 집고양이 정도의 크기밖에 안 되는 여우들이 사람들에게 원하는 것은 단지 놀아주는 것뿐이다. 그런 밤중에 말이다. 이 이야기를 듣자 나는 생텍쥐

페리의 《어린 왕자》에 나오는 여우가 생각났다. 여우가 말했다. "마음으로만 보아야 잘 볼 수 있어. 중요한 것은 눈에 보이지 않거든."

나는 이제 독수리 같은 삶을 살고 있다. 이렇게 본다면 내가 살고 있는 오두막은 독수리 둥지이다. 여행을 마치고 쉬고 싶을 때 나는 이곳으로 왔다. 이곳은 나에게 평안함과 새로운 힘을 선사한다. 내 삶을 함께 나누고 싶은 사람이 언제 다시 나타날지 누가 알겠는가. 인디언들에 의하면 독수리들은 암컷을 선택하는 방법이 아주 특이하다고 한다. 그들은 예쁘고 새끼를 잘 낳거나 잘 돌봐줄 것 같은 암컷을 선택하는 것이 아니라, 자기와 제일 잘 놀 수 있는 그런 짝을 찾는다.

내 경우에는 '놀다'라는 개념에 훨씬 더 넓은 의미가 들어 있지만 나도 사실 그들과 비슷한 성향이 있다. 내게 있어서 '논다'는 개념은 삶에 대한 기쁨이나 어떤 목표도 없이, 아무것도 이루고 싶어 하지 않는 그런 경험을 함께하는 것이다. 그곳이 어디가 되었든지 간에 상관없이 "삶을 즐기고" 싶다. 저 높은 하늘에서라도. 단지 자신이 정한 한계만이 자유의 한계가 되는 그곳에서 말이다.

나는 레온딩의 작은 집에서 시작해서 티롤의 고급 빌라와 프랑스의 '성'을 거쳐 다시 간소한 '오두막'으로 나를 데리고 와 준 지금의 삶이 선물이라고 믿는다. 할아버지, 할머니의 텃밭에서 토마토를 따고 완두콩 껍질 까는 일을 도왔던 소년이 한 남자가 되었다. 그리고 이 남자는 이제 많은 사람이 마음속에 갖고 있는 불만족을 해결할 수 있도록, 절망할 이유가 하나 없다는 사실을 알려주어 그 확신의 씨앗을 뿌리내리게끔 도우려고 한다. 이런 불만족감은, 그 원인을 밝혀낼 준비만 되어 있다면, 정반대로 배우고 성장하는 데 필요한 기회가 된다.

당신도 한번 나처럼 시도해 보라. 마음의 목소리를 들으라. 이것은 당신을 행복한 삶으로 인도해 주는 가장 훌륭한 이정표이다.

# 마이 마이크로 크레디트

(www.mymicrocredit.org)

## 마이크로 크레디트란 무엇인가?

마이크로 크레디트란 주로 저개발국가에 있는 소규모 사업을 하는 사람들에게 주어지는 무담보 소액 대출을 말한다. 대부금은 일반적으로 전문적인 대안금융기관과 비정부개발원조단체를 통해서 조달된다. "자조를 위한 원조"라는 원칙이 그 중심에 온다. 필요한 사람들에게 기부를 통해서 단기적으로 도움을 주는 대신에 그들에게 교육과 생계 수단 마련을 통해서 재정적으로 독립해서 살아갈 수 있게 해 주는 게 취지다.

무하마드 유누스가 1976년에 이미 방글라데시에서 이와 같은 프로그램을 발족시켰는데, 이 프로그램으로부터 시작해 1983년에 그라민 은행Grameen Bank이 세워졌다. 2006년에 유누스와 그라민 은행은 "낮은 곳에서부터 경제적, 사회적 발전"을 위해 노력한 대가로 노벨평화상을 수상했다.

### 마이 마이크로 크레디트가 하는 일은 무엇인가?

카를 라베더가 공동 창립한 비영리단체인 '마이 마이크로 크레디트'는 무담보 소액 대출의 아이디어와 인터넷을 접목시켰다. 홈페이지는 가난한 나라의 차용자들이 사회 투자가들과 직접 연결되는 일종의 정거장 역할을 한다. 유럽에 있는 사람들은 이렇게 함으로써 빠르고, 직접적으로, 그리고 투명한 방법을 통해 중남미와 아시아, 아프리카에 있는 도움이 필요한 사람들에게 소액 대출의 형태뿐 아니라, 교육과 직업 훈련의 자금 조달을 통해서 재정적인 도움을 줄 수 있다. '마이 마이크로 크레디트' 구상의 핵심적 부분은 지속성이다. 이것은 차용자들에게 경제적, 전문적인 능력을 장려시키기 위해 부가적으로 수반되는 교육까지 제공하는 것을 의미한다. 이렇게 함으로써 이미 확인된 개발프로젝트에서 얻은 지식으로 소액대출을 받은 사람들이 지속적으로 성공, 발전할 수 있도록 기여한다.

'마이 마이크로 크레디트'는 저개발국가에서 소위 필드 파트너(비영리 소액 재정 금융기관이라는 의미로 사용됨—역주)들을 두고 있다. 이들은 대부분 대출을 진행시키고 소액 대출 차용자들이 직업 훈련과 그들의 생계를 세우는 데 지원을 하는 비영리단체 이다.

### 소액 대출과 '마이 마이크로 크레디트' 단체는 어떻게 운영되는가?

투자가들의 돈은 차용자들에게 100퍼센트 그대로 전해진다. 필드 파트너들은 거의 대부분 소액담보 차용자들이 지불한 이자로 운영된다. '마이 마이크로 크레디트'는 사회 투자가들의 기부에 의해 운영되며 창립자와 단체, 기부자들의 후원을 받는다. 카를 라베더가 코칭과 강연, 그리고 이 책을 통해서 얻은 이익 중 큰 부분 역시 '마이 마이크로 크레디트'와 그린하우스, 그리고 다른 개발 원조 프로젝트를 위해 쓰인다.

### Field Partner 소액 대출금은 어떻게 줄 수 있나?

이자 없이 융자를 해 주고 싶은 사람은 '마이 마이크로 크레디트'의 홈페이지에서 특정한 사람과 구체적인 프로젝트를 결정할 수 있다. 가능한 많은 사람들이 사회 투자가로 활동하기에 필요한 최소 금액은 25유로에 불과하다. 차용자가 담보금을 지불하면 이 사실은 투자가들에게 바로 알려진다. 그러면 이들은 자기가 돈을 받을 것인지 아니면 계속해서 다른 소액대출에 투자할 것인지 결정할 수 있다.

더 자세한 정보는 아래 링크에서 찾아볼 수 있다.

www.mymicrocredit.org

www.referentenagentur-bertelsmann.de

www.rabeder.com

역자 손희주

충남대학교 독문과 졸업. 독일 뒤셀도르프 대학에서 미술사학과 석사학위를 취득. 석사논문으로 〈빌 비올라의 "The Passion" 시리즈에서 다루어진 감정과 제스처〉를 발표하였으며, 독일의 현대미술 여행사이트의 필진으로 다수의 기사를 게재하기도 했다.

뒤셀도르프, 쾰른, 에센 지역의 전시행사 전담 통·번역을 담당하며 독일인을 대상으로 한국어 강의도 펼치고 있으며 현재 독일에 거주하면서 번역에이전시 엔터스코리아에서 출판기획 및 전문번역가로 활동 중이다. 주요 역서로는 《별과우주》《남자는 왜 잘 웃지 않는가》 외 다수가 있다.